Divino DIVÁN

CUANDO DIOS ENTRA A LA CONSULTA

ANA G. KELLEYIAN MANOUKIAN
MATÍAS E. MANOUKIAN

Índice

PRÓLOGO

Trabajar en familia no es fácil. Nunca. Pero lo bueno es descubrir que es tan difícil como disfrutable. En 2010 cuando preparamos el inicio del Instituto INEA teníamos en claro esta premisa. Hoy, después de ocho años, con un instituto que fue mutando, tantas charlas, conferencias, seminarios, la creación de Psicología Cristiana –la primera agrupación de profesionales del área psi cristianos- y cuatro libros editados estoy seguro de que la dupla laboral que conformamos con mi mamá se engrana cada vez más.

El armado de Divino Diván, al igual que los otros libros, resultó imprescindible. La cantidad de casos abordados por mi madre en el consultorio y resueltos desde la Psicología Cristiana escribió esta obra que pretende ser una muestra de lo que Dios puede hacer en la persona cuando se lo invita a ser parte de la solución, algo que todo profesional del área cristiano debería hacer.

La selección de los temas, la forma de encararlos, el orden, la edición y la corrección parecía una ardua tarea de equipo, pero ¿acaso no fue así en los anteriores libros? Al tratarse de un libro con temáticas variadas y basado en aspectos de casos reales, pero ficcionados, el cuidado para cada uno de estos pasos debía ser especial.

Asimismo, la claridad de los conceptos, sin haber una pérdida de profundidad, responde a la premisa que nos pusimos desde el libro Espiritual Mente: llevar temas de psicología y fe a todo público sin caer en simplismos ni superficialidad.

Espero que este libro capte tu interés y, tal vez, pueda significar el comienzo de la solución para algún problema que estés pasando.

Deseo que podamos seguir escribiendo sobre alguno de estos u otros temas. Solo Dios sabe.

Lic. Matías E. Manoukian

INTRODUCCIÓN

¿POR QUÉ ESCRIBIR ESTE LIBRO?

La idea de escribir este libro se origina en el interés de mis oyentes en clases, conferencias o reportajes, cuando doy algún ejemplo de consultorio o relato algún caso para ejemplificar. Muchos se sienten identificados o les ayuda a resolver sus propios conflictos o crisis. Pero, al igual que en este libro, los casos mencionados no son reales. Seguramente, algunos puntos pueden haber sido inspirados en sesiones de consulta psicológica, religiosa o de counseling porque así funciona la mente: se basa en algo conocido para crear una nueva imagen.

Si alguien te hablara de una montaña de oro, ¿qué te imaginás? Hice esta prueba en un grupo y algunos dijeron que era una montaña de monedas de oro y recordaron al Tío Rico del Pato Donald, otros hablaron de montaña dorada. Lo cierto es que ninguno de los presentes había visto una montaña de oro. Yo tampoco. Pero nuestra mente une conceptos conocidos para crear uno nuevo. Así está construido este libro. En mi mente hay escenas, imágenes, recuerdos que se entrelazan y forman nuevas historias para escribir. Por eso, los nombres, detalles y resoluciones no corresponden a casos totalmente reales.

Cada caso está escrito como una sesión de psicoterapia. Esta es una forma de proporcionar alguna ayuda al lector que puede sentirse identificado por ser tan similar a la realidad. ¿Cuántos casos podría escribir? Muchísimos. Pero luego de escribir alguien tiene que elegir. Para eso, mi editor preferido, mi hijo. Sin quien este libro, al igual que los anteriores, nunca hubiesen visto la luz. Gracias Matías Emiliano Manoukian. Cada vez que mando mis textos a la edición siento que los llevo a terapia. Mis historias fueron al diván editorial.

También quiero en cada capítulo enseñar conceptos que sirvan al lector para sí mismo o para compartir a quien lo necesite. Ya sean enseñanzas psicológicas o espirituales.

La Agrupación Psicología Cristiana forma a profesionales de la psicología, de la teología, del aconsejamiento, que quieren ayudar a otros bajo los preceptos bíblicos. Esto hace de la Psicología Cristiana, una nueva escuela de pensamiento y modo de clínica que puede observarse en los capítulos de este libro.

Conocer y exponer resoluciones desde las escuelas psicológicas más comunes en nuestro país (cognitiva, psicoanalítica, sistémica, positiva, gestáltica, rogeriana, conductual y neuropsicológica, entre otras) permitirá al lector observar diversos modos de abordaje de los conflictos presentados.

Las personas somos un sistema compuesto de espíritu, alma y cuerpo inmersos en una sociedad que nos permite relacionarnos con el sistema global, social. Por eso, el apóstol Pablo habla en plural en la Primera Carta a los Tesalonicenses capítulo 5, versículo 23: "Que Dios mismo, el Dios de paz, los haga a ustedes perfectamente santos, y les conserve todo su ser, espíritu, alma y cuerpo".

¿Cómo detectar un problema?

Luego de años de estudio y práctica puedo determinar que las personas tenemos solo tres tipos de problemas. Así se resumen todos los conflictos de los seres humanos en cualquier lugar del mundo:

1. Los problemas materiales. Con esto me refiero a todo lo que sea relacionado con la materia, pueden ser financieros, de salud propia, de la casa, del alimento, laborales, etcétera.

2. Los problemas no materiales. Me refiero a las dudas existenciales, ontológicas, espirituales, conflictos del alma, de la mente (ofensas, envidias, sistemas de pensamientos, creencias, deseos, emociones, sentimientos, voluntad), trastornos o rasgos psicológicos. Cuestiones inmateriales.

3. Los problemas relacionados con los otros. Relaciones interpersonales, en la comunicación, en el sexo, en lo laboral, en la familia. Acá también incluiría a las mascotas.

Para muchos, clasificar los problemas les ayuda a ubicarse en relación al conflicto. Saber el área dónde se inicia y cómo abordar el tema puede ser tranquilizador. También es importante para saber cuánto depende de la decisión personal llegar a la solución o si se asume todos los problemas como propios en su totalidad.

Definimos como inicio del problema la sección dónde más afecta, pero inevitablemente, como consecuencia afectará las otras dos partes. Analicemos esto con un simple ejemplo: una persona se queda sin trabajo (problema *material*) por lo que discute en casa (conflicto *con los otros*) y le reclama a Dios por su problema (ahora es *espiritual*).

El terapeuta cristiano tiene que ponerse en las manos de Dios para hacer su trabajo como debe hacerlo cualquier cristiano, en especial, los que trabajan con personas. No se trata de defender al paciente ni ser el abogado o juez sino quien puede ayudar a entender el plan de Dios para cada vida. Ordenar los pensamientos es también saber en qué pensar. Filipenses 4 dice: “Hermanos, piensen en todo lo verdadero, en todo lo que es digno de respeto,en todo lo recto, en todo lo puro, en todo lo agradable, en todo lo que tiene buena fama. Piensen en toda clase de virtudes, en todo lo que merece alabanza”. Cuando los pensamientos se aceleran en nuestra mente en momentos de crisis recuerdo aquella frase, que atribuyen a Lutero: "Dejá que los pájaros vuelen sobre tu cabeza pero que no permitas que hagan nido en ella". Nosotros también decidimos. La Biblia dice en qué pensar y aconseja examinarlo todo y retener lo bueno.

Palabras y conductas

Hay palabras positivas y negativas. Necesitamos liberarnos de las palabras negativas, de las frases que usamos para definirnos con jamás, siempre, todo-nada, nunca. No serán completamente ciertas en ningún concepto personal ni en una comunicación. ¿Cómo escogemos describirnos? "Ninguno tenga de sí mayor (ni menor) concepto del que debe tener sino piense de sí con cordura" (Romanos 12:3). Una vez escuché que la palabra cordura viene de *cordis*, *corazón*. Pero que también viene de *cordel*, que es la medida con que se debe pensar de uno mismo. El cordel marcaba el límite, era el antiguo metro o centímetro para los cálculos de distancia. Pensar de nosotros mismo como limitados, cuerdos, reconociendo nuestra autoridad en Cristo y reconociendo a Dios como suprema autoridad. Es estar ubicados en tiempo y espacio, terrenal y espiritualmente.

No son las personas las que me ofenden, son sus palabras en mis oídos. Si escucho sus ofensas me perjudico, no me conviene. Entonces no son los otros los que me hacen sentir mal, soy yo quien decido sentirme mal. Dejo que los pájaros que me sobrevuelan hagan un nido en mi cabeza. No solo por fuera, sino por dentro, en mi mente.

En mis clases de filosofía enseño sobre Epícteto, un filósofo griego de la escuela estoica que vivió parte de su vida como esclavo en Roma y de quien se conservan sus escritos. Decía que "los hombres no se perturban por las cosas sino por la opinión que tienen de éstas". Creo que nos hacemos la película y nos la creemos; hacemos una interpretación personal, nunca objetiva. De alguna forma, interiormente nos decimos: "No confíes en vos mismo, que alguien de afuera confirme tus sentimientos interiores". La Biblia dice en Jeremías 17: 9 y 10: "Nada hay tan engañoso como el corazón. No tiene remedio. ¿Quién puede comprenderlo? Yo, el Señor, sondeo el corazón y examino los pensamientos, para darle a cada uno según sus acciones y según el fruto de sus obras." ¡Por eso tengo que estar de acuerdo con la voluntad de Dios, para no equivocarme!

Tengo que creer todo lo que Dios dice sobre mi vida. Tengo que ajustar mis pensamientos a los suyos, mi forma de decidir de acuerdo a sus planes. No puedo confiar en el parecer de otras personas que no conocen a Dios, que no se ajustan a la Biblia. Por eso es errado ir a pedir consejo a quien no tiene tu misma concepción de la vida y menos preguntarle: "¿Qué debo hacer?".

¿Lo que otros opinan de vos es más importante que lo que vos pensás de vos mismo? Soy yo quien decide qué entra por mis sentidos, pero aún más, soy yo quien decido qué hacer con eso. Inevitablemente puedo ver algo u oír algo que considero que no está de acuerdo a mis convicciones. Es mi responsabilidad decidir qué hago con eso. ¿Otra persona me avergüenza o soy yo misma quien se avergüenza? Ese desequilibrio es el que tengo responsabilidad de solucionar.

Cada conducta puede ser autoderrotante, tóxica, golpear mi autoestima o puede convertirse en autodesafiante, autorrealizante. ¿Cuáles son tus conductas que te disgustan? ¿Qué actitudes propias te enfadan? ¿Cuándo te enojas con vos mismo, qué crees que deberías dejar de hacer o decir para sentirte mejor? Algunos dicen: "Si digo que estoy cansado, me canso más. Si digo que tengo calor, tengo más calor. Si digo que me siento mal, me siento peor". Hay un viejo libro que se llama "Lo que dices recibes" (Don Gossett, Editorial Vida,

1978). Lejos de aquellos libros de autoayuda de la Nueva Era, este está basado en algunos pasajes bíblicos como: "En verdad os digo que cualquiera que diga a este monte: "Quítate y arrójate al mar", y no dudare en su corazón, sino crea que lo que dice va a suceder, le será concedido". Marcos 11:23. O en Mateo 21:22: "Y todo lo que pidiereis en oración, creyendo, lo recibiréis".

Es que cuando uno dice, cree. Nos creemos nuestras palabras. Cuando vos decís "estoy mal" tu mente te oye y tu cuerpo se predispone a hacer una pausa para dar lugar a ese sentimiento. Te concentrás en eso, ponés tu atención en sentir eso que decís, ya sea positivo o negativo. El poder de la Palabra de Dios es también el poder de la palabra en la influencia en lo que algunos llaman "decretar", "proclamar" "profetizar". No estoy diciendo que nunca estaremos cansados o agotados. Nos creemos nuestras propias palabras. Algunos hasta se arman historias autodestructivas de odios, rencores y venganzas que se originaron en sólo un pensamiento, en un gesto o una mirada que debía quedar en el pasado, pero lo cargan cada día y hasta de por vida, a veces sin poder determinar su origen.

Cuando en la radio suenan canciones de amor por lo general son historias de celos, odios, infidelidad, peleas, muerte con una música pegadiza y se repiten una y otra vez. Recuerdo que hace algunos años me llamaron de un programa de radio para hablar acerca de los problemas actuales de parejas. Antes de mi participación estaba el tiempo musical y pasaron tres canciones de amor.

Mientras esperaba mi tiempo fui escribiendo algunas frases de esas canciones. La nota resultó en el análisis de las relaciones de pareja a través de las canciones que todos sabemos y hasta cantamos. Hacé este ejercicio: escuchá o recordá una letra de alguna canción de amor. Puede ser tango, melódico, bolero, reggaetón, cumbia, rock o el ritmo que te guste. Ese es el amor en nuestra sociedad. Así lo social, lo cultural se arma en función de desengaños y desconfianzas.

¿Pensamos que el amor es eso que se canta, que se ve en una novela o película?

Hay que armar estrategias personales para trasformar lo negativo del ambiente en positivo y conveniente para cada uno. A veces debo pensar de otra manera, para que mi mente trabaje a mi favor. A veces hay que decir las cosas de otra forma; otras veces conviene huir o callar. No sos un prisionero ni un indefenso frente a situaciones molestas. Llenarte de rabia, hostilidad o timidez no te ayudarán. Estos modos casi siempre inmovilizan, paralizan o hasta te hacen estallar de ira, enojos, insultos, bronca o miedos.

Que alguien rechace lo que pensás o lo que decís no tiene que ver con que te rechace como persona. Debemos separar las personas de sus ideas. Si simpatizas con otro partido político o sos hincha de otro equipo de fútbol, aún si tenés otros valores éticos, te respeto y quiero ser respetado por lo que creo. El problema es cuando las personas no tienen claro qué creen, donde está puesta su fe. Son llevadas como papeles en el viento. "Entonces ya no seremos inmaduros como los niños. No seremos arrastrados de un lado a otro ni empujados por cualquier corriente de nuevas enseñanzas. No nos dejaremos llevar por personas que intenten engañarnos con mentiras tan hábiles que parezcan la verdad." (Efesios 4:14)

"Cuando yo era niño, hablaba como niño, pensaba como niño, juzgaba como niño; más cuando ya fui hombre, dejé lo que era de niño" (1ª. Corintios 13:11). Recuerdo que, con seis años, en segundo grado, tenía una amiga que era la más linda y la más inteligente del grado. Yo la amaba y quería ser como ella. Un día le pusieron aparatos de ortodoncia y como la imitaba en todo, le pedí a mi mamá que me compre esos aparatos para los dientes, pero ella dijo que yo no los necesitaba. Entonces me fabriqué unos con clips para usar en la escuela y ser como mi amiga: así es la niñez.

Cómo empezar a hacer cambios

Ahora bien, ¿qué te paraliza? ¿Es acaso la imposibilidad de conseguir algo material, cariño, respuestas de Dios? Alguna de las tres formas en que se agrupan los problemas. Empezá por una parte, elegí por donde vas a empezar a solucionar las cosas. No quieras resolver todo junto.

A veces vienen pacientes tan cargados y tan ansiosos que usan casi toda la sesión para plantear sus problemas. En una oportunidad, casi al final de un encuentro, el paciente quería una solución a todos los problemas expuestos. Entonces le di mi lista de anotaciones, le pedí que se la llevara y enumerara en orden de importancia por donde quería empezar a resolver esos problemas. Debía leer todo, agregar si faltaba algo y luego ponerle orden a la lista, y a su cabeza. La siguiente sesión le planteé estrategias de resolución de sus conflictos. Es un buen ejercicio, te invito a hacerlo.

Hace muchos años trabajaba en una oficina contigua a la de mi jefa y amiga Margarita CH. Cuando entraba a su despacho e iniciaba mi pedido de ayuda, irrumpía con la frase:

-Marga, ¡tengo un problema!

Y Marga, parafraseando a Mafalda, su personaje preferido, respondía:

-¿Un problema? El mundo está lleno de problemas ¿y vos tenés un problema? ¡¡Sos intrascendente!!

Mi respuesta siempre era: -Es que los problemas los encaro de a uno.

Es bueno ser ordenado al enfrentar los temas. Se dice que como sea el orden de tu armario, de tu escritorio o de tus archivos en la computadora será el orden en tu mente. En Coaching, aprendí las ventajas de tener un plan, un orden; te librará de apuros, indecisión, malas elecciones, indisciplina, pérdida de tiempo. Pero también hay que considerar la rigidez de tener un plan comparado a la espontaneidad. Es como contrastar a alguien que tiene miedo a lo desconocido con un kamikaze. Como en todas las cuestiones, los extremos son malos, psicológicamente, son patologías.

Si recurrís a un psicólogo, a un pastor o algún profesional y vas tan cargado y desordenado en tu mente y en tus sentimientos, te aconsejo que lleves una lista. Mi tía Bety tiene tres hijos y cuando iba al pediatra quería preguntar todo de cada uno de los chicos. Ella llevaba una lista de preguntas y no solo eso, también escribía las respuestas del médico para no confundirse ni olvidarse. Es un buen método, tenelo en cuenta.

Recuerdo una de las primeras sesiones de una paciente, quien hoy es una amiga y hermana en Cristo. Me contaba que no podía responder ante cada pregunta inquisitoria de su madre o de su exesposo. Ella se paralizaba y siempre me preguntaba ¿vos que le hubieras dicho? Yo me resistía a darle respuestas, pero ella insistía. A la siguiente sesión ella contaba un hecho y me consultaba una reacción posible y sacó una libretita y anotaba mis frases convencida de que si las estudiaba y las usaba no tendría esa angustia inmovilizadora que sufría. Cada uno debe escoger el método que le sea útil para no sufrir por las palabras de los otros.

La vida es un aprendizaje y un entrenamiento permanente. Merlín, el mítico mago, poeta y asesor del Rey Arturo, decía que lo mejor para la tristeza es aprender algo. Es lo único que no falla nunca. Terence Hanbury White, que, aunque nació en Bombay, India, en 1906 y murió en Pireo, Grecia, en 1964, es considerado un escritor británico y escribió en El Libro de Merlín:

"Lo mejor para la tristeza -contestó Merlín, empezando a soplar y resoplar- es aprender algo. Es lo único que no falla nunca. Puedes envejecer y sentir toda tu anatomía temblorosa; puedes permanecer durante horas por la noche escuchando el desorden de tus venas; puedes echar de menos a tu único amor;

puedes ver al mundo a tu alrededor devastado por locos perversos; o saber que tu honor es pisoteado por las cloacas de inteligencias inferiores. Entonces sólo hay una cosa posible: aprender. Aprender por qué se mueve el mundo y lo que hace que se mueva. Es lo único que la inteligencia no puede agotar, ni alienar, que nunca la tortura, que nunca le inspirará miedo ni desconfianza y que nunca soñará con lamentar, de la que nunca se arrepentirá. Aprender es lo que te conviene".

Por eso, cuando un paciente o un alumno aparece con algo para anotar o para grabar acepto que quiere aprender y que nunca envejece quien aprende. Aprender y crecer vivifica. El crecimiento es signo de vida. En nuestra ciudad se usan los jardines verticales, a veces en pisos muy altos o marquesinas de grandes edificios de empresas. Es difícil saber si son naturales o artificiales. El secreto es observar si alguna parte está marchita. Si se marchita un poco, si se seca por algún lado, si hay hojas caídas es porque hay vida y crecimiento. El crecer es signo de vitalidad, de verdadera vida en movimiento. Lo artificial no se marchita, es perfecto, pero no crece, no tiene vida. Aprender es equivocarse. Lo perfecto es sinónimo de anti crecimiento.

Aprender y ayudar a otros es un refugio para los males propios. No los soluciona, pero te hace estar por fuera, no mirarte el ombligo. Permite tener una amplia visión de que el mundo sigue, que no se detiene por mí.

Pasos para la solución de tus problemas

1. Hablá con Dios, después con la o las personas
2. Tomá la iniciativa a la solución
3. Comprendé lo que el otro dice y siente
4. Reconocé tu parte
5. Atacá al problema y no a la persona
6. Colaborá, poné lo mejor de vos

7. Reconciliación es relación, la razón puede venir después

Al leer este libro verás que ciertos temas se ven de diferentes ángulos, una y otra vez, porque así también en la psicoterapia salen a relucir sesión tras sesión. Algunos temas básicos serán: manejo de emociones, capacidad de decisión acerca de las propias emociones, cómo hacerse cargo y resolver el presente y también el pasado, por qué prefiero seguir enojado, cómo actuar positivamente ante una situación difícil, cómo logro un cambio en algún área de la vida.

Una serie de preguntas nos ayudarán a adentrarnos en nuestro propio interior al leer este libro:

- ¿Qué pensás de vos mismo? ¿Cómo te definirías?
- ¿Cuánto de tus motivaciones vienen desde tu interior o desde el exterior?
- ¿Tus preocupaciones te paralizan o te hacen tomar decisiones inmediatas?
- ¿Con cuáles de estas palabras te identificás más: culpa, postergación, ira, fracaso, relaciones incorrectas, dependencia, tristeza, frustración?
- ¿Qué sentimiento quisieras controlar o desterrar de tu vida?
- ¿Qué porcentaje de tus decisiones personales necesitan la aprobación de otra persona?
- ¿Quién decide si tus conductas son éticamente apropiadas?

Es mi deseo que estas historias llenas de consejos sirvan para responder a estas preguntas. Dios te guíe a través de estas páginas.

Ana Graciela Kelleyian Manoukian

Capítulo 1

CELOS, MENTIRAS Y CULPA

Reyna era llamativa, rubia, alta y corpulenta. Con unos 55 años bien llevados y una tristeza tan latente como reclamante, se presentó humilde y compungida. Hablaba suave, solo interrumpida por el quiebre de su voz producto de un llanto que pretendía disimular. Al momento de recibirla, no conocía el motivo de su consulta porque cuando llamó para acordar un turno dijo que no podía hablar mucho.

Entró y le ofrecí sentarse, quise que estuviera cómoda. Casi sin preámbulos, enseguida dijo: "no quiero que mi esposo mire a otras mujeres". Tan grave era el panorama que ella me relataba detalladamente, que desde hace un tiempo acompañaba a su esposo en el tren todos los días hasta el trabajo a pesar de que él realizaba el mismo viaje desde hace más de 25 años. Quería asegurarse que no mirara a nadie. Muchas veces iban parados en el vagón de las bicicletas porque allí no había mujeres.

En principio entendí que podía tratarse de una celotipia, una patología considerada como celos enfermizos. Difícilmente esto aparece de un día para otro. Investigando su entorno familiar, sus hijos que ya eran mayores e independientes no vivían con ellos. Sorprendía pensar que ahora, al estar solos, se iniciaran estos celos. Reyna me aseguró que nunca fue celosa. Tampoco lo fueron sus padres ni hermanos. Yo no podía llegar hasta la raíz de esta conducta, no podía ver donde se originaba. Tras realizarle a Reyna unas pruebas psicodiagnósticas pude advertir el uso de la mentira. Pero, ¿en qué mentía?

El recurso sistémico se basa en tratar los problemas vinculares de una pareja invitándolos a participar juntos de una sesión. Le propuse a Reyna, con muchas advertencias, llamar a Antonio. En este caso era una propuesta muy arriesgada porque él debía venir, mirarme y hasta hablar conmigo, una mujer. Con la promesa de Reyna de no ser provocada a una escena de celos en el consultorio, la siguiente semana nos reunimos los tres.

Antonio era gordo, petiso y con canas. Un poco desalineado. En la sesión, manifestó varias veces que quería que Reyna estuviera bien y que él siempre obedecía a todo lo que ella reclamaba y más aún "desde que empezó este problema". Claro que el encuentro sucedió con Reyna presente todo el tiempo.

Aproveché a conversar con Antonio porque quizá esa fuese mi única oportunidad. Él mencionó que esto había iniciado hace casi dos años y que ella antes nunca había sido así. Me explicó que cuando viajaba en el tren miraba para abajo para no mirar a ninguna mujer. "Nunca miro ni por la ventanilla", dijo. Reyna aseguraba que él cumplía con todos esos requerimientos, pero que igual ella estaba celosa.

Entonces, sentándolos frente a frente, los hice hablar entre ellos, hacerse mutuas promesas de fidelidad y los despedí quedándome con una gran desazón por sentirme desorientada en este caso.

Es mi costumbre siempre pedir a Dios sabiduría cada vez que inicia una sesión. Para llegar al punto clave en este caso se abrían varios caminos. Estaba abrumada, pero aún no encajaba la mentira que aparecía en los test de Reyna, al menos hasta esa sesión. Decidí no centrarme en la mentira, ver un panorama más amplio y hablar con Reyna de otras cosas, más comunes, más triviales.

Abordamos temas acerca de sus tres hijos, los trabajos de cada uno, como se relacionaban con ella y con Antonio, sus nueras, sus nietos y las visitas. Reyna relataba algunas escenas importantes en la vida de la familia: cuando vivían todos juntos, algunas enfermedades, los casamientos de cada uno, la participación familiar en diferentes actividades en la iglesia. Reyna sólo trabajó de soltera, siempre se dedicó a la casa y a los hijos. Cultivó algunas amistades entre sus vecinas y en la iglesia. Nada me daba una pista certera, hasta mi sencilla pregunta: "¿Cómo es un día de tu vida?". Un silencio inesperado se produjo ante esa espontánea y simple pregunta. Empezó a hablar, pero ahora su tono de voz cambió. Entonces dijo vacilante: "Voy a aquagym, todos los días… de eso quiero contarte."

No me resultaba una sesión interesante hasta esa frase. Reyna se acomodó en el sillón. Suelo automáticamente acompañar como un espejo la gestualidad del paciente, así que también me acomodé como para ver la escena más importante de esta película. Reyna bajó la cabeza y dijo que va todos los días a la pileta, y aunque se cansa mucho, no puede dejar de ir.

Mi atención se agudizaba cada segundo. "Llegué al punto", pensé. Reyna hablaba lento, hacía algunas pausas. Yo trataba de descubrir una pista que encaje en algún diagnóstico. ¿Adicción al agua? No. ¿Exhibicionismo? No. ¿Necesidad de sociabilización? No. ¿Dominación, sujeción? No y no. No podía articular esas ni miles de otras posibilidades. Hasta que dijo la palabra mágica: profesor. “Tengo la necesidad de ir para ver al profesor”.

Como profesional soy una adherente y practicante de la “cara de nada” al escuchar al paciente. En esa oportunidad fue muy útil porque mis sensaciones eran muchas y me confundían. ¿Qué la avergonzaba? ¿Qué le producía ir a verlo? ¿Qué tenían juntos?

Mis sentimientos eran compasión, sorpresa, satisfacción y alivio por llegar al meollo de la cuestión. Me compadecía de verla sufrir celos por los últimos dos años. Me sorprendía por donde derivó el caso. Satisfacción porque al fin encontré “una punta de esta madeja”. Un guiño interno con algo de bronca por las cosas insólitas que le hacía hacer al marido.

Reyna tenía una nueva emoción y no sabía cómo clasificarla. Su estructurada fe la hacía sentirse infiel. Su crianza la hacía calificar este sentimiento como pecado. No podía manejarlo hasta ahora. Como siempre hablar, confesar, llegar al punto, decir la verdad la liberó. Tratar la culpa fue el primer paso para juntar las fuerzas y poder alejarse de esa fantasía y adicción mentirosa.

John Dryden, un dramaturgo inglés del siglo XVII, califica a los celos como la ictericia del alma. Traduciendo, los celos te atacan el hígado e interfieren hasta la inmovilidad emocional, que impide filtrar impurezas. Cuando alguien te hace poner celoso/a decís que no es justo. Es que los celos denotan falta de confianza propia dirigida a los otros y por los otros. Los celos obsesionan hasta la compulsión de hacer algo. Cuando llegás a ese punto quedás encerrado como una mosca en la tela de araña, te vas secando por dentro mientras pedís justicia o venganza por fuera. Ahora las emociones primeras se transforman en sentimientos. La furia en odio. Y como un sentimiento es una emoción que perdura en el tiempo, se produce una reacción física iniciada en un pensamiento. "No se puede probar nada en el reino del pensamiento; pero el pensamiento puede explicar muchas cosas", afirma el filósofo Martín Heidegger. Y Reyna tenía pensamientos lascivos, no fantasías.

En mi cátedra de Sexualidad Humana enseño el valor y hasta las ventajas de conocer y utilizar bien los términos sobre la sexualidad. Saber diferenciar sexo de sensualidad, provocación, conquista, ilusión, placer, nos diferencia de la mediocridad facilista de los propagadores de la degradación del cuerpo, creación de Dios. El lugar de la autoestima, la valoración personal y de los que amo, la plenitud de las relaciones, entre otros beneficios. Explico el valor y hasta las ventajas de las íntimas y personales fantasías. El lugar de la autoestima personal, la plenitud ilimitada y la autovaloración en una fantasía, entre otros beneficios. Sin embargo, enseño que ese tipo de fantasía es utópica, solo una historia pensada y nunca debe querer convertírsela en realidad, actuada o compartida, porque dejaría de ser fantasía. Reyna no tuvo fantasías sexuales, porque los personajes de las fantasías son irreales, desconocidos, imposibles, lejanos, mientras que su profesor era real y cercano.

Estudiar junto a Reyna desde la Biblia el significado de adulterio, lascivia, infidelidad fue muy esclarecedor para poder orar por su sanidad interior. La ministración en sanidad interior incluye también la didáctica para enseñar desde la ética cristiana lo bueno y lo malo según la Palabra de Dios.

La culpa tiene mala fama, pero es muy útil y hasta esclarecedora de los límites de nuestros pensamientos y conductas. La culpa la sienten los neuróticos, los que tenemos un problema y reconocemos que lo tenemos. Un psicótico no siente culpa y eso lo hace actuar sin miedo ni límites al perjudicar a otros. No siente que deba arrepentirse, le será difícil entender qué es el pecado, cree que no necesita la ayuda de Dios, es autosuficiente.

La culpa en los niños puede llamársela "ficticia" porque es parte del aprendizaje moral para enseñar qué se debe o no se debe hacer, según los padres. La culpa generalmente es "real" y beneficiosa para hacer los cambios necesarios ante un error cometido. La culpa muchas veces es "trasladable" a otras personas o circunstancias. Es un acto de proyección como mecanismo de defensa del yo. Culpar a otros nos alivia, también cuando generalizamos en que el mal es de muchos porque el gobernador, el jefe, este país, la economía o algo nos afectó. Allí empieza la "justificación" y liberación de nuestra conciencia. Nos sacamos de encima el problema, aunque no lo solucionemos.

Postergar las decisiones aumenta la indecisión y la culpa. Existe una ecuación lógica entre la culpabilidad, que siempre viene de un pasado y la pre-ocupación que siempre es sobre lo futuro. Existe un ahora, un ahora mismo para decidir cómo procesar el pasado para no acarrear un peso en el futuro. Esta ecuación es liberadora y es la llave para vivir un presente en libertad. Aferrarse a una respuesta conocida, como endilgarle al destino o a la casualidad nuestra vida, aun cuando sea autodestructiva para mantenerse lejos de la culpa y neutralizar la opción de cambiar, es acarrear una pesada carga durante el resto de nuestro futuro.

La Biblia enseña cómo tramitar la culpa. Decía que la culpa es buena porque nos hace tener conciencia de un Dios liberador. Jesucristo cargó con nuestras culpas para que tengamos acceso a una vida espiritual y terrenal de libertad. Ese hermoso sentimiento es útil para mantenerse lejos del pecado, cuidando la salvación personal, acercándonos cada día más a la victoria sobre las tentaciones. Sin embargo, la Biblia nos advierte que nuestras propias bajezas son causa de pecado y que existe un ser maligno, el diablo, que aprovecha nuestra debilidad para incentivarnos a pecar. Por haber conocido el gozo de la salvación en Cristo, cuando pecamos nuestra conciencia nos advierte a través del sentimiento de culpa que debemos volver a Dios, pedir perdón y aprender de ese mal proceder.

Muchas veces, las consecuencias del pecado no es solo alejarnos espiritualmente de Dios sino cometer actos que será necesario restaurar. El tiempo no cura la culpa, la agrava, cada vez es más pesada, cada día es más difícil de reparar errores. A veces se deja pasar el tiempo y puede ser imposible llegar a pedir perdón. El perdón es el antídoto contra la culpa, el perdón restaura. Pedir perdón alivia y permite liberarse de esa pesada carga. No es solo de palabra, significa restaurar espiritual y materialmente.

Sentir culpa es ser responsable, gracias a la culpa no podemos dormir, nos sentimos mal, enfermamos o nos aislamos. Se nos hace tan sentido que nos impulsa a arreglar las cuestiones. Gracias a Dios por la culpa, gracias a Cristo por cargar nuestras culpas, gracias a Dios por la verdadera libertad.

> *"Háganlo todo sin quejas ni contiendas, para que sean intachables y puros, hijos de Dios sin culpa en medio de una generación torcida y depravada. En ella ustedes brillan como estrellas en el firmamento, manteniendo en alto la palabra de vida."*

Filipenses 2:14-16

Capítulo 2

CONTRATO MATRIMONIAL

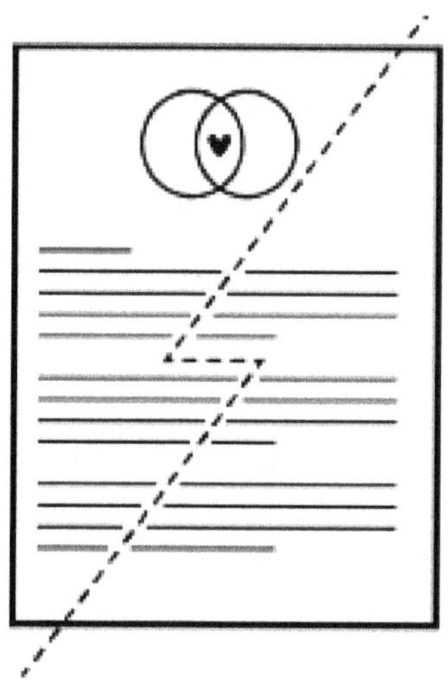

Comenzaron discutiendo delante de mí, sin importarles que era su primera sesión. Así fueron también los siguientes encuentros: las quejas de él, las excusas de ella, pero sobre todo las permanentes interrupciones de la esposa ante cualquier relato de él.

Llevaban quince años de casados con una familia que definían como excelente. Buen pasar económico, hijos que estudiaban: dos en la primaria y el mayor en la secundaria. Concurrían al club de campo del country cada dos domingos alternando con el templo.

Se habían conocido en el grupo de jóvenes de la iglesia y enseguida se enamoraron. Eran una linda pareja cristiana, de buenas costumbres, con una moral excelente. Atendían a sus padres y compartían con sus hermanos y sobrinos. Eran muy educados y amables.

El motivo de la consulta eran sus constantes discusiones. El inquebrantable deseo de poner todo en tela de juicio. No aceptaban una negativa de su pareja y perdían tiempo en excusas aún por nimiedades. Si él decía que un día no podría retirar a los niños del colegio tenía que explicar con lujo de detalles el porqué. Siempre parecía que ella necesitaba más argumentos.

Al principio pensé que era una competencia de poder, luego me inclinaba por una desconfianza mutua. Llegué a pensar que no tenían otra cosa de qué hablar. Lo cierto es que sus hábitos de discutir al principio de la pareja eran solo dar y recibir explicaciones por temor a ofender al otro, según relataban.

Ese hábito de discutir todo fue creciendo y haciéndose más frecuente y profundo con el tiempo. El día que los conocí y los escuché fue para mí una experiencia casi insoportable. En las sesiones ambos confirmaban que una separación o divorcio sería la solución. Para eso venían, a separarse sin peleas, para no seguir discutiendo. ¡Qué locos, pensaban que discutirían menos si estaban separados! En mi opinión, si se separaban las peleas serían más agresivas, como una guerra sin cuartel, aunque quizá menos frecuentes.

Comenzamos a definir el tratamiento entre los tres. La primera certeza a la que habría que arribar era si preferían separarse o intentarlo juntos con mis intervenciones. Sin esa meditada definición y decisión por seguir adelante, yo no estaba de acuerdo en trabajar con ellos. Luego de pensar en el amor, los hijos, la fe, la casa, las familias de origen, los amigos en común y las historias vividas juntos, ambos decidieron que sí querían intentar hacer los cambios necesarios para seguir juntos y se proponían trabajar para lograrlo. En base a sus mismas palabras, que yo anotaba en las sesiones, preparé un contrato por escrito. Se sorprendieron, pero es un método que puedo y suelo usar como terapeuta de parejas, ya sean socios, esposos o padres e hijos. La idea es dar importancia a la decisión que tomaron y a la labor individual en beneficio mutuo.

Formalmente, les leí el contrato que contenía frases textuales de lo que ellos dijeron y algunos artículos que yo proponía en un futuro cercano como tareas diarias o semanales, entre ellas, el compromiso de hablar juntos a sus hijos para contarles que empezaron un tratamiento terapéutico y de lo que querían lograr, de lo que procuraban a partir de ahora. Consensuamos una fecha límite para lograrlo y entonces romper el contrato para escribir y firmar como un estatuto de la nueva manera de comunicación en la pareja.

Esto lo diagramé en base a que sabía que los hijos siempre se quejaban de sus discusiones y muchas veces comenzaban a tomar partido por alguno de los dos. Me contaban escenas de llanto de los hijos y sus gritos para separarlos.

La terapia tenía dos partes: la deshabituación y la rehabituación a través del aprendizaje de nuevas costumbres.

Debido a que ya habían descubierto el problema, el primer paso estaba dado. El segundo era el compromiso firmado que asumían de manera consciente y adulta. Ahora nos proponíamos enumerar cambios y calificarlos en orden de importancia. Quisieron comenzar por las interrupciones al discurso del otro para desandar un camino de ansiedad en el diálogo. Esperar que el otro termine. Se trata de cortar lo que se denomina en los axiomas de la comunicación "escalada asimétrica". Según Paul Watzlawick, creador de la Teoría de la Comunicación Humana, una relación simétrica tiene el peligro de desestabilizarse, pero una escalada asimétrica, termina acabando una relación. Es que cada uno apuesta más fuerte en cada intervención, incluso con el cuerpo y el tono de voz, llegando a límites imposibles de dominar, que pueden incluir la violencia en todas sus formas.

Entonces, pusimos pautas para la primera semana de dialogo alternado. La práctica de consultorio implicaba un *timer*, tipo cronómetro, para que puedan hablar cinco minutos cada uno y luego lo reduje a tres minutos. Entendieron que se puede decir mucho en tres minutos si uno no es interrumpido y no tiene que repetir o alzar la voz. Fue una práctica muy interesante.

En la casa debían poner un cartel diferente cada semana con un imán en la heladera. Luego les agregué un cartel cada semana en el dormitorio, eso se puso más interesante cada vez. Otra dinámica directiva era que cuando uno iba al baño no podía hablar con nadie ni nadie podía hablarle, porque para hablar debían mirarse, esto implica la cercanía para lo que no hay que gritar.

Usamos algunos ejercicios del libro Psicología Cristiana y Neuroteología Bíblica, del capítulo de Comunicación. (Dra. Ana Kelleyian Manoukian, y equipo, 2017)

Recién más adelante llegamos, a la práctica de pensar antes de hablar. Para esto la tecnología nos ayudó: el uso del whatsapp, también tenía pautas muy precisas, de modo que se llevaron cada uno una tarjeta con las instrucciones. Los mensajes tenían que tener ciertas características de tamaño, frecuencia y en especial de interpretación de los emojis.

Esto fue progresando con buena disposición de ambos. Siempre con respeto. Recuperaron el buen humor que habían perdido entre tantas palabras y gritos con frases confusas e hirientes. Comenzaron a practicar sin mi guía estos y otros consejos y durante seis meses terminado el tratamiento, concurrían al consultorio una vez por mes. En la última sesión se llevaron como premio, el contrato firmado por los tres. Entre risas, abrazos y besos obtuvieron su alta comunicacional.

Capítulo 3

PAGAR LA DEUDA

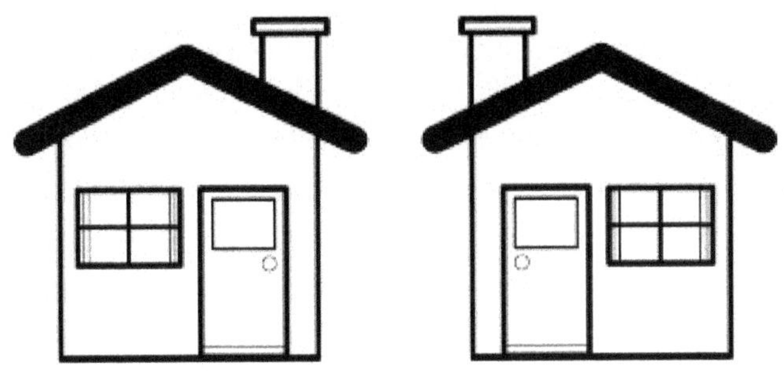

Tenemos la idea de que Dios recompensa bien al que hace bien. Eso es cierto desde la mirada de un Dios eterno que puede conocer pasado, presente y futuro desde la eternidad y por toda la eternidad, como un continuado de vida. Pero no es así para nosotros que somos limitados, humanos, que tenemos fecha de nacimiento, tenemos un principio. Pero que además no conocemos el futuro, aunque seamos eternos espiritualmente.

La gran intriga sobre el futuro hace que creamos en las profecías -sobre todo las que nos benefician-, que muchos consulten seres iluminados, horóscopos, constelaciones astrales. Lo incierto nos inquieta.

La gran duda sobre el futuro me sobrevino al conocer a Irma: una señora gorda, de pelo muy negro, lacio y grueso. Una mujer siempre dispuesta y servicial. Su cara era muy particular: tenía rasgos duros por el sufrimiento de la vida, con ojos de abuela buena. Su modo de hablar era muy dulce, su tono suave, nunca decía una palabra fuera de lugar y jamás la escuché quejarse.

Irma tenía su precaria casa en la provincia, pero se vino a la capital a trabajar de muy joven. Por años trabajó en una casona del barrio de Belgrano, un *petit* hotel estilo francés, allí vivía un matrimonio con mellizos, un varón y una mujer, que nacieron paralíticos por una medicación que la mamá tomó en el embarazo. Los padres fallecieron cuando los mellizos terminaban la secundaria. Los familiares de los chicos le pidieron a Irma que viniera a vivir en la casona con una oferta en dinero que no podía rechazar. Creo que hubiese ido de cualquier modo porque esos chicos estaban en su corazón.

Irma tenía un esposo y un hijo pequeño. En la casa de Irma también vivían su madre y su hermana. Todos en su familia coincidieron en que Irma viviera en Belgrano para poder construir dos casitas en ese terreno. Haciendo cuentas en dos años lo lograrían. Así fue, Irma se quedaba a vivir en el *petit* hotel y su esposo iba con el nene los fines de semana.

Irma tenía que hacer todo por los mellizos. Su fuerza y paciencia se ampliaban igual que su sacrificio. Los bañaba, los animaba, recibía amigos, les cocinaba. Era su mamá, su papá y su cuidadora a la vez. Irma apenas sabía leer y escribir, pero los acompañaba mientras estudiaban.

Cuando conocí a Irma ya era viuda y casi no veía a su hijo. La conocí en una Iglesia, era una persona que necesitaba a Dios como todos. Con gran devoción y fe, asistía a las reuniones cuando podía y disfrutaba mucho. Un día vino a verme "para hablar" conmigo. Era raro, Irma parecía que nunca necesitaba nada. Esa tarde se quejó. Sentadas en mi oficina, levantó su vista, me miró

fijo con el ceño fruncido mientras una lágrima grande caía por su limpia mejilla y me preguntó: "¿Por qué Dios me paga mal?"

Llegué a conocer bien su vida sacrificada. Veía el amor y la devoción en ayudar a quien pudiera. Por muchos años su sueldo casi íntegro iba cada mes a la casa donde el hijo, ahora separado, criaba dos hijas adolescentes. Se había enterado por un familiar que hacía tiempo no trabajaba y se drogaba. Sus nietas no estudiaban más y vivían en y de la calle.

Ella había imaginado otro panorama para la vida de su hijo. Había soñado con que su hijo formaría una familia tipo como las de las series costumbristas. Pero la realidad era muy distinta, superó toda ficción. Su cara seria, su cuerpo grandote hundido en el sillón, su cabeza gacha y las lágrimas que no paraban de llover en su regazo. Abrazarla fue lo único que pude hacer. Entonces sentí compasión. Ese abrazo no solucionaba nada, pero Irma no me soltaba y no dejaba de llorar. El largo abrazo me permitió pensar cuanto hacía que nadie la abrazaba. Cuanto hacía que nadie la ayudaba, que nadie la escuchaba o le daba una muestra de cariño. Irma siempre daba, nunca recibía. Por eso amaba a Dios.

En ese momento Irma rondaba los sesenta años y solo vivía con el mellizo, la mujercita ya se había casado. Empezamos a buscar soluciones prácticas, porque cada planteo espiritual que yo proponía era como darle un golpe a una muralla. Irma seguía creyendo en Dios, pero no podía comprender que su amado Dios le "pagara" así, tan despiadadamente, cuando toda su vida ella hizo el bien.

Recién frente al planteo de "¿en qué me equivoqué?" llegó la resignación, la toma de conciencia. Comenzamos a hablar acerca de la culpa, del destino. En estos casos las creencias más íntimas se ponen en juego. No importa la edad del consultante, siempre aparece lo aprendido en su infancia, lo que es "introyectado" en la crianza. Los valores intrínsecos, la religión. Aparece el "deber ser", el mandato paterno, la autoridad moral.

Recordaba que su hijo había sido papá antes de los veinte y creía que aún en sus treinta y pico era un niño destetado antes de tiempo. Ella sentía que lo había abandonado por trabajar, por brindarle protección a dos discapacitados. Para vivir cómodamente entre la clase alta. Pero también reconoció que su trabajo fue un sacrificio para que toda su familia viviera económicamente holgada.

Irma quería saber si las decisiones que tomó eran buenas o malas delante de Dios. Si Dios la castigaba con estos hechos desafortunados o si Dios la bendijo manteniéndola alejada de lo que podía haber sido años de sufrimiento. Se preguntaba si Dios hizo todo esto en beneficio de los huérfanos discapacitados, a costa de no darle una buena crianza para su propio hijo. Lo cierto es que de una u otra manera ella sabía que Dios dirigía su vida en todo, y como paso siguiente llegó la aceptación.

Esta es una historia maravillosa para observar que el plan divino es de dominio exclusivo de Dios y también ver como se cumplen esos pasos frente a una separación o a un duelo: el shock de la noticia, la negación, la culpa, la resignación, la aceptación. La doctora Elizabeth Kübler-Ross, explicó que el duelo tiene una serie de fases que empieza con la negación, luego aparece la ira que busca causas y culpables hasta que llega el tiempo de negociar una solución interna. Queda entonces el dolor emocional, la tristeza de la pérdida que puede llegar a la depresión. Pero la aceptación, última de las fases descriptas, está muy lejos del olvido.

No son sentimientos instantáneos, es un proceso que lleva su tiempo. Semanas, meses y a veces años. Depende de la fortaleza interna, de la fe puesta en un Dios todopoderoso, de los vínculos amorosos, presentes. Irma supo cosechar una fortaleza que la hizo tomar decisiones muy cabales y sostenidas en el tiempo.

La fe en Dios parece ser puesta a prueba frente a un conflicto, a una pérdida. Es como perder al hijo ideal, a las nietas estudiosas, a la familia perfecta. Irma trabajó esforzadamente para ayudar a que su hijo disfrute de lo bueno, pero para su hijo lo bueno era ir cada mes a buscar el dinero para seguir drogándose y quejarse en el regazo de su mamá que ningún trabajo le duraba, que la mujer no lo comprendía y esas cosas. Cada mes que se veían era más amargura para la pobre madre, pero eso se traducía dentro de Irma en más fuerzas para seguir trabajando. Ahora, al pensar en toda la secuencia de malas noticias, se cayeron sus brazos. Se preguntaba cómo seguir, pero fundamentalmente se preguntaba para qué seguir, por quién luchar. ¿Por el hijo? ¿Por el lisiado? ¿Para no volver a su casa? ¿Porque su vida era la amada gente de la iglesia?

El hombre en silla de ruedas fue quien tomó la decisión. Este era su verdadero hijo, criado a su imagen y con su bondad. Viendo que Irma sufría dijo: "Voy a vender el *petit* hotel y voy a comprar una casa de planta baja cerca de tu casa, en la provincia". Así lo hizo, Irma crió a sus nietas. Feliz de reparar en ellas lo que creyó que no hizo por su hijo.

El libro de Santiago, hermano de Jesús dice: "Sed hacedores de la Palabra [...] La religión pura y sin mácula delante de Dios el Padre es esta: Visitar a los huérfanos y a las viudas en sus tribulaciones, y guardarse sin mancha del mundo".

Capítulo 4

ENTRELAZADOS

En su casa, él era "Momi". Así lo llamaban sus padres. Eran árabes, musulmanes. En Argentina entendemos lo que significa ser un inmigrante, pueden pasar varias generaciones hasta la integración casi nunca completa- a la comunidad social.

Al menos pasarían dos o tres generaciones hasta que alguien, no sin sufrimiento, quisiera formar una familia en base a una mezcla de etnias. Estos cambios resultan muy fuertes para las comunidades que vienen de oriente, como lo fue a principio del siglo pasado con los europeos. Lo cierto es que a Momi ya le estaban buscando esposa, antes de que se le pasara por la cabeza alguna otra idea. Con 15 años y en una ciudad tan grande como Buenos Aires, sus padres creían que las tentaciones de tener "amigas no musulmanas" eran muchas. Resolvieron comenzar a participar en un club social árabe para que sus hijos hagan amistades y no perdieran el gusto por el arte, la música y las comidas orientales.

Aunque en casa se hablaba en árabe, la lengua debía mantenerse también en lo social, con las amistades.

Momi tenía un hermano mayor, que era su ejemplo, su ideal a seguir, terminó la secundaria venciendo muchos obstáculos de profesores y compañeros que todo el tiempo rozaban el bullying por cuestiones culturales. Sobre todo, porque el hermano de Momi no salía a bailar y no tocaba a las chicas, era muy respetuoso. Pero Momi no era así, él evitaba que lo cargaran, él quería ser amigable y hacer lo que hacían sus compañeros: bailar, reír, hablar con las chicas y hasta ver "videítos algo zafados".

Las actitudes de Momi no eran bien vistas en su casa y lo tenían siempre castigado. Tenía que estudiar, ayudar con los quehaceres de la casa y en el taller de su papá. Nunca lo autorizaban a salir, querían protegerlo de "lo malo" y de "los malos de afuera". El club social fue una gran alternativa que conformaba a ambas partes.

En el barrio todos sabían que eran árabes, sus ropas y costumbres los delataban, pero eran respetados, se movían con libertad. Un día Momi fue a comprar al supermercadito chino de enfrente y descubrió que la cajera no era la mujer de siempre, era una linda chica delgada, pequeña, rubia, de tez muy blanca y de su misma edad. Estudiaba por las mañanas y de 17 a 22 era cajera. Momi nunca quería ir a comprar y menos acompañar a la madre, pero pasó a ser el encargado de las compras de la familia. Cualquier excusa era buena para ser servicial y cruzarse al supermercado chino.

La amistad con Aldana, la cajera, se afianzó más y más. Momi la acompañaba a la noche hasta la casa caminando unas cinco o seis cuadras, casi todos los días. Eran amigos, la pasaban bien, se reían, se contaban cosas. En una de esas caminatas acordaron ir a ver una película al cine. Ella los sábados también trabajaba, pero el domingo ambos estaban libres. Inocentemente planearon la cita con fecha, traslado y lugar

Momi esa noche pensó qué excusa les daría a sus padres para salir. Explicar la verdad nunca fue una opción. Luego de pasar por ideas como "grupo de estudio", "compañero enfermo", "amigos del barrio" y mil cosas más, dijo que iba a ir al cine con una amiga nueva del club árabe. Lo dijo el sábado y para el domingo tenía su mejor ropa planchada sobre su cama, los zapatos lustrados y su papá entregándole más plata de la necesaria para que la invite a comer después del cine.

Contento Momi soñaba con un mundo ideal. Llegó tarde, pero sus padres lo esperaban despiertos. Su madre sentada en la cocina con una lista de preguntas sobre cómo le había ido en cada detalle. Su padre, al oírlo llegar se tomó su tiempo para levantarse del sillón, ir hasta la cocina, mirarlo y preguntarle específicamente y con seriedad: "¿Cómo se llama la chica?"

La hecatombe se desató una milésima de segundo después que el aire recibió la respuesta: Aldana Fernández. Momi nunca había visto una escena semejante, la madre abrió los ojos casi tan grandes como la boca. Su padre frunció el ceño para nunca más alisar su frente. Parado al lado de Momi dio un golpe sobre la mesa con la mano abierta al tiempo que gritó un "NO" que salió de sus entrañas.

Los tres aparecieron en mi consultorio al otro día a última hora, luego que la madre me contactara telefónicamente porque alguien le dijo que yo era de descendencia armenia. Lo que supone que entiendo de costumbres orientales y porque me casé con un descendiente de armenios. La furia del padre y la cabeza gacha de Momi solo daban lugar a que Isabel, su madre, me contara el desastre que había sobrevenido a su familia. Necesitaban ser escuchados y que alguien de afuera coincidiera con ellos y convenciera a Momi, Mohamed, de que lo que había hecho estaba mal.

No fue fácil que aceptaran que yo debía ver a solas a Mohamed la próxima vez. Pero, al verme el padre como "una persona mayor y con muchos títulos", solo me preguntó si tenía familia. Yo se lo confirmé y agregué que tenía un hijo varón. Mi curriculum y mi experiencia profesional les importaban muy poco, pero que yo tenga familia, valores y un hijo varón era mucho más relevante.

"Serias" conversaciones semanales con Momi y entrevistas con los padres una vez al mes fue mi propuesta. Aceptaron esto y trabajamos juntos por seis meses. Momi no quería desairar a sus padres y él mismo estaba cada vez más convencido que formaría una familia árabe y musulmana. Pero Aldana era su amiga. La diferenciación no discriminatoria tenía que atravesar a todos los actores de esta película. Las actividades en el club fomentaron la participación religiosa y a la familia le hizo muy bien conectarse con sus raíces. El hermano de Momi quien siempre alegró a sus padres comenzó a salir con una chica de su comunidad. El camino fue abierto. Ahora sería fácil, casi obvio que Momi transitaría por él.

Abrir la Biblia no resultó difícil para relatar los orígenes árabes, la forma ancestral de la elección de una pareja. Decidí volver a leer el Corán, en especial aquellas secciones que tenía marcadas. También Momi aprendía las historias bíblicas de Isaac, de las bendiciones de la obediencia, del sentido de la restauración (Deuteronomio, capítulos 28 y 30), del amor eterno de Dios, del perdón. Hablamos sobre Génesis 31: 3 y 5, sobre creer en Dios, iniciar una búsqueda interior, confiar por cuenta propia en un Dios justo y no vengativo. Observar la diferencia entre las tradiciones familiares y la fe verdadera.

Durante el tiempo que atendía a Momi recordaba el esfuerzo de los misioneros americanos Lloydene Umstot Balyeat y Kent Balyeat (apodados "papi y mami" por sus alumnos del Seminario Internacional Teológico Bautista de la Ciudad de Buenos Aires), quienes cada semana iban a la casa de una familia judía que, como en las primeras sinagogas, reunía a varias familias conocidas para abrir las Escrituras. Ellos solo predicaban la salvación a través del Antiguo Testamento. Mami me decía que las profecías de Isaías eran el Evangelio completo y "si van a creer en Dios como judíos, pues que crean". Los Balyeat sembraron una palabra de fe en quienes nunca se plantearon la eternidad a través del Mesías, Jesucristo. Ellos renovaron su fe en Dios Padre, el Dios de Abraham de Isaac y de Jacob. Aprender esto a mis dieciocho me convirtió en una seminarista con una mente abierta al obrar de Dios en las vidas.

También Momi comprendió este mensaje de salvación e hizo la oración de fe, dedicando su vida a Dios sin rituales intermediarios. Abrazó la fe en un camino virtuoso. Se llevaba pequeños libritos para adolescentes que debía leer como tarea y devolvérmelos. Eso fue un ejercicio que hicimos semana tras semana. Sus padres estaban felices que le diera tareas para la casa y verlo leer era una manera de tenerlo más en casa, decían.

Los padres venían a verme agradecidos con los avances de Momi quien ahora iba al club árabe y todos tenían claro que Aldana era sólo una amiga que podía ir a casa de Momi, ver una película en el living, merendar o estar en la puerta. Los padres empezaron a compartir más con sus vecinos sin temores y empezaron ellos también a afianzarse más en las actividades sociales del club árabe, al punto de colaborar en una comisión de tareas comunitarias.

Alimentar la solidaridad, la fe, la hermandad. Rodearse de virtud, de valores y transmitirlos. Creer y buscar puntos de conexión con otros para dejar instalada la semilla del evangelio, sin imponer, como lo hizo Jesús, permitiendo que la Palabra obre en sus corazones. Nosotros sembramos de muchas maneras, únicamente Dios puede dar crecimiento a esa semilla.

Capítulo 5

LA INCÓMODA VERDAD

Hace poco tiempo me reencontré con un viejo amigo pastor en una red social. Habíamos estudiado Teología juntos, nos visitamos varias veces, ahora somos amigos de Facebook. Me comentó que una de las hermanas de su iglesia quería prestar algún servicio como voluntaria, pero él dudaba de incluirla en algún ministerio por su vida "irregular".

Unos días después, Graciela me llamó para hacer una cita debido a que su pastor le dijo que me visitara para que le enseñara a hacer algunos cambios en su vida. Un poco desconcertada acepté darle un turno. Graciela había llegado a la iglesia hacía dos años en unas reuniones por Semana Santa. Entendió el amor de Dios, está segura que Cristo murió en la cruz para salvarla de sus pecados y darle un nuevo corazón, cree en la vida eterna, decidió bautizarse, vivía en comunión con los hermanos y participaba de la Cena del Señor. Confirmando estas y otras cuestiones bíblicas empezamos a hablar de su vida cotidiana.

Con 58 años, Graciela es ama de casa, arregla sus plantas, saca a pasear a su perro, va a las actividades de su iglesia y con una pensión mínima por viudez trata de arreglarse para comer y algo de sus medicamentos. Graciela no tiene familia, pero tiene un novio de su misma edad que le paga desde hace mucho el alquiler de su departamentito, las expensas y todos los gastos. Roberto, su "amigovio", al que ella define como su pareja, es casado y tiene dos hijos grandes e independientes que no lo necesitan. Su esposa no le reclama nada. Él le dice que sale de viaje por su trabajo o de pesca cuando se queda en casa de Graciela.

Antes Graciela le insistía, pero ya no lo invita a la iglesia. Roberto es viajante y Graciela es su compañía de viaje en el camión. Para ella es un hermoso paseo. Miran paisajes, toman mate, charlan, escuchan música. Una vida maravillosa.

Al conocer este panorama entendí cuando mi amigo pastor me habló de algunas irregularidades. Creo que no pudo resolver este tema. Es muy capcioso. De acuerdo a la Biblia, se debe pensar que esta mujer debe dejar a su novio y volver a vivir sola. Pero Graciela me contaba su vida como algo normal. Ella no veía conflicto alguno en su situación. Ni siquiera un posible error. Era sincera, no quiso disimular nada. "¿Debo decirle que ella está en pecado?, ¿qué Roberto está en pecado?", pensaba. Al fin y al cabo, ahora el conflicto lo tenía yo.

Graciela no sabía por qué vino al consultorio, nunca imaginó que su conducta estaba mal. Quizá los años y la costumbre le cauterizaron la ética cristiana. Pero aún sin religión ni fe, en algún momento debió reconocer que Roberto era un adúltero. Él era un adúltero, pero ella no. ¿Cómo debe observarse este caso desde la Psicología Cristiana? Este es un caso similar al de millones de personas que llegan a Cristo en estas condiciones; viviendo en adulterio, en pecado, siguiendo la corriente de este mundo.

Claro, el que roba no robe más sino trabaje. Pero el que vive de esa manera, ¿cuál *sayo* le cabe? Mientras Graciela hablaba amable y con gracia, mi mente buscaba un texto bíblico, un ejemplo, un pasaje que me permitiera ilustrar una solución. No es posible retroceder en el tiempo para que Graciela tenga un trabajo con que mantenerse. Una única salida posible que se me ocurría era que en dos años al jubilarse como ama de casa ya no necesite que Roberto le pague la vivienda. Pero lo descarté. No era un argumento válido que prometiera dejar el pecado cuando ya esté cómoda con el dinero. ¡Qué estupidez!

Graciela seguía contándome y cada vez me hundía más en mi sillón. Si le decía que deje a Roberto se quedaba sin un lugar para vivir, sin compañía. Es posible que se deprima. De alguna manera se podría dilatar el tema del servicio en la iglesia, pero eso era temporal, no solucionaba el tema de fondo. Existían dos problemas: uno, que no comprendiera por qué no puede servir si ella llegó a Cristo así. Otro, que se vaya de la iglesia porque no entendían lo difícil de su situación que le sobrevendría si hacía algún cambio. Seguramente Graciela me interpelaría diciendo: "¿Si dejo a mi pareja que me mantiene, la iglesia me pagará el alquiler?"

Terminó la primera amena sesión sin llegar a ninguna solución, ni siquiera a un consejo fehaciente. Quería llamar a mi amigo para agradecerle y decirle que con amigos como él no me hacen falta enemigos, pero me abstuve. Sabía que debía orar para ayudar en la resolución de ese conflicto.

Para la siguiente sesión estaba preparada con los pasajes bíblicos que corresponden a esta situación de pareja y también acerca del trabajo. Graciela dejó de trabajar cuando conoció a Roberto.

Indagando en su vida vi que siempre fue muy buena vendedora y que antes era modista. Vestía muy bien, tenía buen porte, se cosía y tejía mucha de su ropa. Inicié un camino de guía hacia el autosostén económico. Una lista de trabajos posibles, conseguir un departamento más económico. Pero fundamentalmente, trabajar con la decisión de no ser la amante de Roberto y recalcular su sociabilidad. Roberto la llevaba en auto, se acompañaban mutuamente y Graciela contaba con la comodidad de ser "mantenida" y atendida desde hacer muchos años. Ella no pedía nada, él le daba todo.

La conversión espiritual implica también un cambio de vida en lo material, en lo cotidiano, en la ética, en lo afectivo, en lo moral, en la justicia. No es sencillo. Recuerdo que luego de haber dado mi testimonio en un evento, contando que a los doce años acepté el sacrificio de Jesús para mi salvación y que mis padres no concurrían a la iglesia, una señora vino a decirme que Dios había sido muy bueno conmigo porque soy cristiana desde chica, "porque cuando sos cristiana de grande muchas cosas se complican".

La aceptación, el amor y la comunión con nuestros hermanos incluye enseñar, motivar y desafiar desde la Palabra, pero tener paciencia hasta que los cambios empiecen a producirse. Para Graciela las decisiones fueron lentas, dolorosas y sacrificadas. Roberto había sido su compañero de vida, de viaje, de placer sexual, de diversión. Roberto era la esperanza para Graciela. Ella vivía para él: siempre estaba linda, con su casa arreglada, la comida rica y la cama dispuesta. Roberto nunca entendió su decisión y concluyó que la iglesia le "llenó la cabeza". Graciela oró y ayunó. Amaba a Dios y reconoció que el sacrificio de Jesús la movía a decidir en esta situación y respetar a Roberto y a su esposa.

En las bienaventuranzas Jesús dice: "Dichosos los perseguidos por causa de la justicia, porque el reino de los cielos les pertenece.

Dichosos serán ustedes cuando por mi causa la gente los insulte, los persiga y levante contra ustedes toda clase de calumnias. Alégrense y llénense de júbilo, porque les espera una gran recompensa en el cielo. Así también persiguieron a los profetas que los precedieron a ustedes."

Capítulo 6

INTERCAMBIOS EN PAREJA

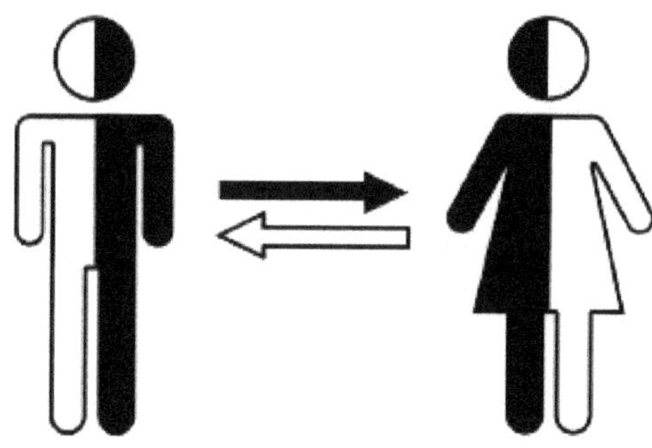

Yamila era una mujer corpulenta, morocha, de cara grande, alta y fuerte. Con rasgos varoniles pero delicada y femenina en su forma de vestir y hablar. Las sesiones iniciaron en invierno. En aquellos días solía venir con unas botas de caña alta y tacones, abrigos espléndidos. No pasaba desapercibida, verla resultaba imponente. Llegaba en un auto nuevo. Entraba al consultorio con un andar muy seguro y una sonrisa generosa.

En cada sesión Yamila se soltaba más a contar sobre su vida. Su pasado en materia amorosa no había sido sencillo. Sus 30 años habían sido vividos con intensidad. Tuvo algunas parejas estables que duraron bastante, pero estaba segura que no era capaz de hacer buenas elecciones en el amor porque siempre terminaba defraudada, vencida y llorando.

En el carácter de Yamila había algo que me dejaba perpleja. Era enérgica con las personas que debía enfrentar en su trabajo; convivía rodeada de hombres con mucho poder en diferentes áreas. Tenía propuestas de salidas y sexo todo el tiempo. A veces accedía, según la conveniencia, quizá no para escalar posiciones, pero sí para tener un reaseguro laboral.

Yamila vivía sola hace mucho, pero su familia, los padres, los hermanos y hasta los primos, estaban muy presentes, en especial su papá con quien los unía un carácter similar. Ella sentía que debía estar cada vez más cerca de él, porque se estaba "haciendo grande" y la necesitaba. Era su mejor amiga. Ella le contaba cosas y él la aconsejaba, como a un buen amigo en cuestiones de cómo invertir su sueldo, en el trato con las amistades, pero nunca le hablaba de sus novios. En cambio, su madre, aunque era desenvuelta, amorosa y trabajadora nunca sería como su padre. Era un Edipo imposible de cortar, el cual como psicóloga no creía momento para definir y menos tratar.

Sentí desde la primera sesión que Yami necesitaba el espacio terapéutico. Le dolía contar su pasado, no por lo que los hombres que conoció le hicieron sino por no haber podido resolver con más determinación cada abandono. Ella creía que le faltaba más osadía en la parte afectiva. Yo creía que necesitó aferrarse a un carácter masculino para estar cómoda en sus relaciones y en sus decisiones. Pero, ¿qué era eso en una mujer como Yamila? Ella internamente y desde siempre creyó que se necesitaba un carácter varonil para tomar las decisiones más fuertes. No quería ser débil como su madre, ni como alguna de sus poquísimas amigas, sino fuerte como todos los hombres que a través del tiempo la rodearon y a quienes siempre admiró, aunque tuviera que enfrentarlos.

A los pocos meses de terapia volvió a salir con Mariano, un ex compañero de trabajo con quien habían sido pareja sexual algunas veces hacía dos años. Ella hablaba muy bien de Mariano. Él, cinco años menor, ahora tenía un trabajo independiente y un ingreso mediano. Yami lo aconsejaba, lo alentaba a trabajar más, pero a veces ella se enfurecía porque él no la entendía, o más bien, se escabullía para no aceptar sus consejos. Enseguida empezaron a convivir y afloraron problemas cotidianos de comunicación.

Frente a este problema en la pareja, analicé los roles de Mariano y de Yami. Fue allí donde le propuse invitar a Mariano a una sesión conjunta. Ella no dudó en acceder. "Quiero que lo conozcas y me digas qué le pasa que da tantas vueltas", me aseguró. Según ella, Mariano analiza todo, pide explicaciones y da infinitos argumentos para defender su visión de cada tema. "Él es susceptible y dice que yo soy muy determinante, pero a mí no me importa hablar sobre cada cosa ni tampoco escucharlo. Él es un pesado, no pasa página. Si está enojado o dolido, no va trabajar porque se enferma de tristeza. Quiere formalizar y que nos vayamos a vivir juntos a un lugar más grande, quiere que nos vayamos de vacaciones. No sé si es porque él me necesita, yo le ayudo a veces con plata, pero eso no tiene importancia para mí", explicó Yamila casi sin respirar.

Llegó el día de conocer a Mariano. Un lindo muchacho, gordito, rubio, bajito, de tez muy blanca y ojos claros. Era la antítesis de Yami en lo postural, en la forma de vestir. Entraba en confianza con facilidad. Resultó mucho más hablador que ella, desenvuelto y desfachatado. Mariano contaba minuciosamente sus quehaceres en la casa, hablaba de modos de cocinar y de detalles que para ella eran imperceptibles. Él atendía todo como un ama de casa y le encantaba hacerlo, sobre todo porque a ella no le interesaba y no interfería. Él sabía los precios de las verduras de estación y hacía la lista de las compras. Ella nunca iba a un supermercado ni siquiera se anticipaba a la cena.

Cada uno definía su modo de comunicación según las pautas que yo planteaba o casos hipotéticos que debían resolver. Fue un trabajo terapéutico muy ameno en las sesiones y los dos entendían la utilidad de esas tareas en el consultorio y los consejos que llevaban para aplicar durante la semana. A partir de ese momento, quisieron seguir viniendo juntos y así lo hicieron.

Semana tras semana confirmaba que eran una buena pareja, que tenían futuro. Pero también me deslumbraba los roles intercambiados que asumían. Sus cerebros se complementaban. Ella tenía un definido rol masculino y él definitivamente era la parte femenina de la relación. Esto terminó de confirmarse cuando él contó que su primera pareja lo dejó porque "parecía una mina".

Con mucho cuidado y desde las neurociencias les enseñé las diferencias entre los roles, los cerebros femenino y masculino, las crianzas y las costumbres, los modos de explicar, reaccionar y resolver los conflictos según el género en general. Entre los tres trabajamos los temas desde la toma de decisiones. Cada sexo tiene sus particularidades. Físicamente, biológicamente, externa e internamente ella era ella, él era él. Pero psicológicamente, en el vínculo, los roles estaban intercambiados. Como a ambos les pasaba lo mismo, la unión podía ser perfecta. Eran una pareja prometedora, si aprendían su funcionamiento sin acusaciones ni desprecios. Ellos se reían de mis explicaciones, pero confirmaban todo, decían que yo sabía detalles porque tenía una camarita secreta en su casa.

Por varios meses hicimos ejercicios, analizamos propuestas. Decidieron trabajar para construir su propia casa. Mariano y su suegro trabajaban en eso los fines de semana. Ella decía lo que le gustaba, se hicieron "la casa perfecta". Se reían mucho cuando hacíamos dinámicas en el consultorio y yo les hacía actuar alguna escena de psicodrama donde cada uno "hacía" del otro. Recuerdo que una sesión se basó en una introspección para responder individualmente la pregunta "¿es agradable vivir conmigo?"

Una vez mudados a su nueva casa, quisieron tener un bebé. Él tenía muy claro los detalles del embarazo, el parto, los futuros cuidados del bebé. Ella con algo más de 30 años y con fuertes figuras masculinas a su alrededor siguió sola la terapia por sus miedos y desconocimiento total de la femineidad orgánica, nunca se interesó "por esas cosas de mujeres" y menos pensó en ser madre. Durante varias sesiones venía con una lista de preguntas y sus miedos. Desde cómo cuidarse en el embarazo, en lo sexual, en la alimentación y hasta en su trabajo. Tuvieron un bebe precioso.

Son felices. Sus almas se complementaron.

Es necesario estar frente al conflicto con una mente abierta. La motivación de un psicólogo cristiano siempre es ayudar. A veces hay que ser hábil para encontrar el mejor camino, no ser rígidos o estructurados, confiar en el propio don de ayuda que un psicólogo cristiano tiene. Así resultó con mi atención a esta pareja especial.

Conocer las diferencias sexuales en el cerebro es necesario para atender parejas y familias. Las similitudes y diferencias son biológicas además de psicológicas y culturales. El cerebro femenino es un poco más pequeño, pero goza de mayor interconexión a nivel del cuerpo calloso, entre los dos hemisferios, esa zona concentra más cantidad de neuronas en menos espacio. Por tanto, en general, las mujeres pueden realizar más actividades (conductuales o de pensamiento) al mismo tiempo. Son más detallistas, observadoras y pueden ver con mayor globalidad.

El cerebro masculino, en general, comienza y concluye su actividad con un marco más limitado, con mayor concentración. Puede dejar de lado otros temas, casi sin prestarle atención. Es decir, cuando un hombre lee o mira televisión, se concentra y no le importa si alrededor hay desorden.

Así, en las relaciones sexuales el deseo del hombre se concentra específicamente en ese momento, mientras que la mujer no podrá dejar de tener en mente todo lo sucedido en el día (o en muchos días) y además lo que pasa a su alrededor.

Capítulo 7

LA PARTE DEMANDANTE

Rose era una mujer rubia, de origen francés. Delgada, fina, de tez blanca, tenía 36 años cuando la conocí y siempre la vi moverse delicadamente y lucir ropa de marca como una modelo. Rose era muy pequeña cuando llegó con su familia al país y se instalaron en una estancia en Bahía Blanca, Provincia de Buenos Aires. Un accidente familiar llevó a su mamá a una iglesia. Así empezaron a ir también a la iglesia Rose y sus cuatro hermanos.

Rose conoció a Adolfo en una convención de iglesias en la zona norte de Buenos Aires. Ella trabajaba en una mercería en su pueblo y de lunes a viernes vivía en la casa que la familia tenía allí. Pasados los treinta, era la única soltera de los hermanos, pero la más hermosa. A Rose le gustaba montar a caballo, recorrer la estancia, conversar con su papá. Lo idolatraba.

Adolfo trabajaba en una multinacional en el microcentro de la Ciudad de Buenos Aires. Un día llamó a Rose para verse el fin de semana. Pasaron casi todo el día juntos en Bahía Blanca. Comieron, caminaron, hicieron un picnic cerca del puerto. Estuvieron muy bien solos. Hablaron de aquella convención, del futuro. Adolfo superaba los cuarenta, pero Rose lo rejuvenecía.

Un poco por la distancia, otro poco por la edad y además porque ninguno de los dos había tenido novio antes ni historia que se lo impidiese, fijaron una fecha para casarse. El casamiento sería en Bahía Blanca porque Adolfo no tenía familia, solo unos amigos de la iglesia.

Adolfo había quedado huérfano de niño y fue criado por su abuela alemana quien lo hizo estudiar en la universidad, pero ya había muerto hacía años. Realmente Adolfo se sentía solo y Rose podía ser su trampolín a un mundo que no conocía pero que se veía atractivo.

Rose y Adolfo querían tener dos hijos lo antes posible para no parecer abuelos. Se casaron y Rose vino a vivir a la hermosa y pequeña casita que tenía Adolfo, la de su abuela alemana. Todo estaba bien. No tuvieron luna de miel porque Adolfo había gastado los días que correspondían por las vacaciones y el casamiento en idas y venidas a Bahía Blanca, pero planearían un lindo viaje al llegar el verano.

Rose se dedicó a adornar la casa, a comprar algunos muebles nuevos. Cambió mucho en la cocina, los viejos utensilios de la abuela debían ser renovados. También en los viajes que hacían a ver a la familia, cada vez más espaciados, Rose se trajo sus libros, sus CD de música, sus videos preferidos.

A los seis meses Rose ya no tenía nada que hacer en Buenos Aires. No conocía a nadie. Fue a visitar una iglesia y otra y otra, pero ninguna le gustó. Adolfo se cansó de escucharla llorar y quejarse. Ya nada la conformaba. Quería volverse a la estancia. Decía que la gente era diferente. Detestaba la gente sucia del barrio y los olores en las calles.

En una de las iglesias a las que fue le dijeron que me venga a ver. Pidió un turno. Adolfo la trajo en auto. La llevaba a todos lados porque ella no sabía viajar ni quería aprender. Además, nunca tocaría un colectivo ni subiría a un sucio taxi. Sus buenos modales se convirtieron en una obsesión. Se volvía cada día con más rasgos fóbicos y se ofendía por todo. Al recibirla me acerqué a saludarla con un beso y dio un paso hacia atrás, pero me dio suavemente la mano. Me pidió disculpas y dijo que a ella no le gustaba dar besos.

La primera sesión fue muy difícil. Tenía muchos tics, estaba muy ansiosa, a punto de necesitar medicación, que no aceptaba de ninguna manera. Se quejaba del esposo. Demanda tras demanda que él cumplía al pie de la letra, sólo para que apareciera otra nueva. Nada la conformaba, ni yo quería conformarla, sólo quería saber si me permitiría ayudarla. Sentía que su matrimonio era un fracaso. Ya no tenían sexo, así que la frustración se extendía a su deseo de tener un hijo.

Segunda sesión. Le extendí la mano, se acercó y me saludó con un beso. "Adelantamos un paso", pensé. Quizá esta vez no iba a acusarme de ser mala porque quería medicarla. Dijo que vino decidida a cambiar, pero quería que venga Adolfo a las sesiones porque el problema era de los dos. No me pareció desacertado, si Adolfo quisiera. Estaba segura que Adolfo querría porque la traía, la esperaba y le pagaba la sesión.

Así fue, la siguiente sesión vino Rose con Adolfo. Ahora Rose ya tenía preparado hablar de la violencia verbal que sentía cuando Adolfo se negaba a las cosas más mínimas. Adolfo se quejaba de las eternas e insoportables escenas de demanda de

Rose. De ninguna manera me pondría en juez entre una pareja. Les pedí que pensaran dos pedidos demandantes y dos actos de violencia. Y lo tratamos. Hablamos de sexo porque nadie lo puso en tema, pero yo lo considero siempre que hay problemas en una pareja. Será por mi profesión o por la experiencia en sexología, pero trato de enfocar un rato de la sesión a esto, aunque no aparezca como motivo de consulta. De hecho, buscaron un hijo al principio como algo urgente.

Esa fue la única sesión de pareja. Me preocupaba la gran ansiedad de Rose y le enseñé a practicar sin medicación como bajar los ataques de ira que la llevan a la ansiedad y viceversa. En varios tratamientos practico con los pacientes bajar a temperatura corporal, causante y consecuencia de ansiedad y nerviosismo. Les enseño básicamente dos tipos de respiración y les doy la indicación de cuantas veces repetirlo al día y de no hiperventilarse.

1. Sentado erguido a 90 grados en una silla con apoyo en el respaldo, las manos sobre los muslos y sin cruzar las piernas, los ojos cerrados o mirando a un punto fijo (si es posible con luz tenue) empiece a tomar lentamente aire por la nariz e ir llenando despacio el estómago hasta inflarlo, cuente tres segundos y luego vacíe muy lentamente por la boca soplando. La segunda inspiración llenará el estómago y el diafragma lentamente y acomodando el aire en el cuerpo para aumentar la capacidad de retención para volver a esperar tres segundos y soplar sacando todo el aire. La tercera inspiración incluye estómago diafragma y pulmones para lo cual hay que ubicar los hombros hacia atrás para abrir el esternón y ampliar la capacidad torácica. Esperar tres segundos y otra vez vaciar soplando. La última inspiración llenará estómago, diafragma, pulmones, cuello, oídos, boca y hasta cabeza, que puede levantarse lentamente para incorporar más aire, otra vez retener y vaciar soplando. Probablemente surjan buenos bostezos

de relajación y se vuelve a comenzar. Puede repetirse dos o tres veces, cada vez más lentamente, dos veces al día.

2. Acostado y con los ojos cerrados o mirando un punto fijo (antes de dormir, ayudará a conciliar un sueño profundo) se pide que la persona se coloque de cúbito dorsal (boca arriba) sintiendo bien los puntos de apoyo. Si fuese necesario poner una almohadita pequeña o una toalla enrollada a la altura de la cintura, según la curvatura de la columna. El ejercicio consiste en tensar el cuerpo por grupos de músculos desde los pies: dedos, arcos, talones, pantorrillas, rodillas, muslos, nalgas, genitales, estómago, tórax, manos bien cerradas, dedos, brazos, hombros, cuello, músculos de la cara. Mantener la tensión contando hasta diez y empezar lentamente a aflojar en orden inverso iniciando la relajación de los músculos de la cara hasta los dedos de los pies. Puede repetirse dos o tres veces cada vez más lentamente. Hacer algunas respiraciones lentas y suaves y antes de abrir los ojos recorrer con la imaginación el lugar donde uno se encuentra, y en la habitación situar mentalmente la puerta, la ventana, etcétera. Esta última parte es importante si uno va a levantarse: no debe hacerlo de golpe, sino lentamente para no marearse.

Existen otros ejercicios, estos son sólo un ejemplo sencillo para hacer sin supervisión y sin la guía otra persona. Hay quienes optan por leerlo lentamente, grabarlo e ir cumpliendo los pasos para no olvidar el orden.

La profesión de fe que tenían Rose y Adolfo era cumplir con los horarios de una iglesia tradicional y orar por los alimentos. Les propuse una serie de lecturas devocionales que podían hacer juntos o separados, según como avanzaba la relación de pareja. Gracias a su responsabilidad cristiana, cumplieron con el plan. Cada vez que la sesión terminaba, invitaba a Adolfo a pasar a mi consultorio, oraba por ellos y los despedía. Siempre salían con una sonrisa y hasta Rose me abrazaba fuerte, quedándose unos segundos.

La violencia verbal cesó. Las demandas no. El padre de Rose murió. El hijo llegó. Al tiempo, cesaron las demandas o lograron convivir con ellas.

Capítulo 8

LA TRAICIÓN

Hoy un juramento, mañana una traición
Amores de estudiantes, flores de un día son.

En unos labios ardientes,
Dejar una promesa apasionadamente.

Quiero calmar los enojos de aquellos claros ojos
Siempre mintiendo amor
Por un mirar que ruega perder la quietud,
Mujercitas sonrientes que juran virtud.

Es una boca loca la que hoy me provoca,
Hay un collar de amores en mi juventud.
Fantasmas del pasado perfumes de ayer
Que evocaré doliente plateando mi sien.

Bandadas de recuerdos de un tiempo
Querido lejano y florido que no olvidaré
Hoy un juramento mañana una traición
Amores de estudiante flores de un día son.

Se conocieron siendo estudiantes, como la profecía que Carlos Gardel cantara en "Amores de estudiantes".

Marixa era una mujer moderna, elegante, desenvuelta, conversadora. Con casi 50 años, se esforzaba por aparentar de cuarenta. Su sonrisa no lograba ocultar la tristeza de sus ojos. Sus ojeras bien maquilladas me gritaban que no dormía bien. Llevaba la falda entallada como con bronca, para demostrar su fuerza.

Telefónicamente me contó que acababa de separarse, su marido tuvo que irse. Con esos datos podía elucubrar mil historias, pero tuve la paciencia de esperar hasta que se haga un hueco en mi agenda y un viernes muy tarde llego a verme.

No era de esas mujeres que trabajaron toda la vida, pero inició la sesión diciendo que lo que ahora quería era trabajar y "ganar mucha plata" para demostrarle al exmarido que ya no lo necesita. A la vez hablaba de exigirle todo: la casa, el auto, el departamento de la costa. Ese fue el principio para comenzar a desenmarañar esta historia de novela.

Jorge hizo algo increíble. A partir de ahí, cada vez que decía Jorge remarcaba la erre como símbolo de la bronca de mencionar su nombre. Tenían un hijo de 19 años, que cursaba el primer año de Administración de Empresas en una universidad privada y un hijo de quince que estudiaba en una escuela técnica.

Marixa y Jorge eran una pareja con muchos amigos, cumpleaños, asados, viajes. También muchos amigos en común porque se conocieron en el barrio, en Floresta, donde aún vivían. Un día en una de esas tantas reuniones de amigos, Graciela le cuenta a Marixa que se encontró Doris, una excompañera de ambas de la secundaria. Doris estaba con su hija preparándole el cumpleaños de quince. La alegría del reencuentro las llevó a tomar un café y hacer planes para volver a encontrarse en el futuro. Toda la conversación fue amena, se pasaron los teléfonos, los mails, hablaron de sus trabajos, sus familias. Casi al despedirse, Graciela la invitó a uno de esos asados o reuniones de excompañeros y mencionó entre varias amigas a Marixa. En ese momento terminó la conversación y Graciela se quedó sola, petrificada, pagando la cuenta porque Doris se levantó abruptamente y se fue sin mediar una sola palabra más.

A Marixa le resultó muy extraño, no recordaba que fueran tan amigas ni que alguna vez se hayan peleado. Al llegar a casa, le contó a Jorge la situación relatada por Graciela. Para su sorpresa, su marido tomó la misma actitud, la dejó hablando sola y en silencio se fue de la habitación. Es más, se fue de la casa. A las tres horas Jorge volvió, en silencio y sin dar ninguna explicación se fue a dormir. Marixa preguntaba y preguntaba, trataba de entender.

Este fue el principio del derrumbe. "Jorge y su excompañera no solo se veían, tenían una hija de quince años". En su sentencia, podía sentir el dolor de Marixa. El desborde de fuerza y bronca con la que hablaba le hacía subir el tono de voz y casi gritando me preguntó reclamando mi visión "¿Qué opinás? ¿qué decís de esto? El muy desgraciado tuvo un hijo conmigo y al mismo tiempo una hija con la perra de Doris".

Siguió el relato, Marixa lo echó y Jorge se fue inmediatamente a la casa de Doris, que también era su casa, por cierto. Esa doble vida le aseguraba un lugar donde vivir y hasta la alegría de Doris que, sin quererlo, obtuvo el premio mayor de tener a Jorge en casa justo para el cumpleaños de la hijita de ambos. Doris logró el mejor regalo para ambas: un papá presente y dejar de ser la segunda.

¿Cómo categorizar esta historia? ¿Infidelidad, traición, bronca, tristeza, pérdida, duelo, beneficio? A mí me tocaba trabajar con Marixa. Su sorpresa aún no se había vuelto totalmente furia. Estaba perpleja, shockeada. El asombro la hacía mover la cabeza en señal de negación, pero a la vez apretaba los dientes de cólera buscando la forma de expresar su violencia interna. A cada rato repetía: "Todavía no lo puedo creer". Ya habían pasado diez días. Los hijos de ambos no entendían bien qué pasaba. Nadie les decía el motivo de la separación. Jorge huía de dar explicaciones.

Ahora Marixa tenía que asimilar y procesar lo sucedido, transitar la pérdida de una familia funcional. Dar explicaciones que no tenía a sus hijos, a sus amigas, a sus padres. Un gran trabajo por delante que requiere una autoestima real, una resiliencia espléndida y una fortaleza a descubrir en el interior de su corazón para mostrar la realidad que su mente nunca imaginó.

El tratamiento empezó. Fue necesario un acompañamiento cognitivo-conductual con un enfoque en su propia persona. Un apoyo humano y espiritual que reafirme sus propios valores en sí misma y en sus hijos. Un reclamo legal frente un engaño sentimental. Marixa nunca imaginó que le sucedería a ella algo así, pero tampoco nunca supo de su gran fuerza de carácter para reestructurar su vida y su hogar. Las grandes crisis permiten conocer nuestra propia resiliencia. La Biblia dice: "Pueden ustedes confiar en Dios, que no los dejará sufrir pruebas más duras de lo que pueden soportar. Por el contrario, cuando llegue la prueba, Dios les dará también la manera de salir de ella, para que puedan soportarla". (1ª. Corintios 10:13, DHH). Este versículo se lo entregué escrito a Marixa en una tarjetita que tenía que pegarla en el espejo de su baño y repetirlo hasta saberlo de memoria. Ella hizo copias para la heladera y para su billetera.

Ahora entendía quiénes eran sus amigos, sus verdaderos compañeros, los que la ayudaban a hacer frente a este problema con entereza. Supongo que sus hijos la amaban, pero ahora multiplicaron ese amor y se jugaron en todo por su mamá. Con el tiempo de terapia llegó a decir que esto para ella fue "una bendición del cielo".

Las cosas se fueron acomodando con el correr de los meses. Establecimos días en la semana para que los chicos vieran a su papá. Jorge sabía lo que le esperaba en la parte legal, lo había imaginado muchas veces. Ahora que todo salió a la luz casi estaba mejor, al menos más tranquilo, con menos ansiedad y sin la carga de mentira y culpa que lleva al estrés. Marixa no quería volver a verlo. Consiguió una abogada y empezó el largo proceso de duelo.

Marixa era infaltable a la terapia. Quiso asegurarse que la atendiera en horarios convenientes si conseguía un trabajo. Marixa no tenía experiencia y solo había conseguido un título secundario. Contaba que era muy buena estudiante y que no siguió porque Jorge no quería que dejara la casa. Poco a poco fue extendiendo sus alas. Reconoció que necesitaba salir más, relacionarse más, pedir ayuda a la familia, a los hijos.

Un tío le ofreció un trabajo en su negocio, en la parte administrativa, como una cadetería. Le pagaba y eso era suficiente para comenzar. Tenía horarios, necesitaba vestirse y salir de la casa, viajar, trabajar y sobre todo cansarse. Marixa contaba con la ayuda de sus hijos en los quehaceres domésticos, el buen trato y las atenciones simples de los chicos. Descubrió el placer de llegar rendida y descansar. Tomar unos mates mientras con sus hijos mutuamente se contaban todo lo sucedido en el transcurso del día. Ahora Marixa también tenía novedades para contar.

"Dios no me va a dejar", decía a menudo. Su fe reflotó desde la mas profunda comodidad en que vivía. El confort y el consumismo siempre llenaron sus vacíos. Ahora recuerda los viajes de Jorge, las noches de excusas, las largas jornadas de trabajo. Ahora todo cierra y cae en la cuenta de su vida bajo una campana de cristal. Era momento de empezar a reconocer que Dios no nos abandona. Dios es fiel. Ahora Marixa reflexiona sobre Dios.

¿Cómo soportó Jesús la traición? Sus seguidores, sus amigos, sus discípulos. Judas. No fue algo del momento como cuando Pedro intempestivamente lo negó. Judas lo planeó y fue constante en su mente perversa. Como Jorge. Si la casualidad no hubiese reunido a Doris con Graciela esto podía seguir por siempre, o dilucidarse a la muerte de Jorge, como sucede muchas veces al tiempo de las herencias. Lo he visto y es muy cruel para ambas partes. Al final el muerto se lleva la parte más fácil.

Con Marixa hablamos mucho sobre la verdad, la fidelidad y otros valores. Durante varias semanas dedicamos, de común acuerdo, que yo le contaría o le leería una historia para que ella reflexionara esa semana, incluso a veces traía sus opiniones por escrito. Abordamos historias de personajes bíblicos: Siba, Seba, Pilato, Judas, Pedro, David, Amán, Jezabel, Atalía, entre otras traiciones, perfidias y falta a las promesas hechas.

La Biblia dice que "no hay nada escondido que no llegue a descubrirse, ni nada secreto que no llegue a conocerse y ponerse en claro", y aunque a veces tarda o no nos enteramos, Marixa tomó como lema este versículo.

Tuve que enseñarle una palabra que quiero explicar: Resiliencia.

En psicología implica la capacidad de recuperación que tenemos como individuos o junto a un grupo de personas frente a la adversidad para seguir proyectando el futuro. Sin embargo, esta palabra se ha utilizado originalmente en teorías que determinan la fragilidad o resistencia de los materiales al chocar o al ser expuestos al fuego, o sea, llevando el material al límite de su tolerancia para descubrir su resistencia, adaptabilidad o cambio.

Así, las personas en ocasiones somos expuestas a circunstancias difíciles o traumas que nos permiten desarrollar recursos que se encontraban latentes pero que desconocíamos. Hay un dicho en el deporte del turf que dice que en la cancha se ven los pingos, es decir, cuando a pesar de la presión seguís adelante y salís victorioso. Marixa al pasar la tormenta se descubrió a sí misma con un poder interno, una fortaleza de ánimo y una autoestima que desconocía.

A medida que se encaminada su terapia, su autoestima se fortalecía. Un día dijo que Dios le permitió darse cuenta de estas cosas ahora que sus hijos eran grandes y ella tenía fuerzas para salir adelante. Afirmó sin dudar: “Dios siempre es oportuno”. Un broche de oro para su terapia.

Capítulo 9

SOLEDAD

Dice el dicho que la soledad es mala consejera. Diana logró aprenderlo. Era joven, linda, trabajadora, inquieta, tenaz y valiente, pero con un pasado difícil y que sucedió muy rápido. Ya habían dejado huella en su vida las cosas más crudas. Sufrió el maltrato de su padre, el silencio de su madre, el abuso de su jefe, la violencia de su pareja. Todo pasó por ella.

Nada fue fácil, pero su fe la impulsaba a pensar en positivo. "Algo nuevo Dios me va a dar", me decía siempre. Al fin y al cabo, yo coincidía que las cosas que le sucedieron no eran por su culpa. Los sucesos de la vida de Diana no podían ser ciento por ciento su culpa. Aunque cabía la posibilidad de una hija rebelde, una empleada seductora o una sometida en la casa, nada era excusa para tanto sufrimiento. Además, el perfil psicológico de Diana no se podía encuadrar en ninguna de esas escenas.

Lo triste para Diana era su soledad. Vivir, estar, comer, pasear, viajar, decidir sola. Creía que era injusto no tener quien le haga un té cuando estaba enferma. Sabía que tenía mucho para dar, aunque algunos pensaran que ya había dado todo. La soledad la mortificaba. Será por eso que se desquitaba derrochando risas cuando estaba con alguien.

En la consulta siempre entraba con una sonrisa y hasta con un chiste. Hablaba y hablaba. Necesitaba expresar toda su esperanza. Pero en cada sesión tomaba un ratito para llorar por su soledad. No creía que era justo lo que le pasaba y buscaba alguna excusa religiosa que la conformara. Esperaba que yo le confirmara, al menos una vez, que todo iría mejor en su vida.

Diana era optimista, risueña, soñaba con una vida feliz. Detestaba las peleas, hacía cualquier cosa por evitarlas. Tenía amigas y era bastante divertida dentro de su grupo. Diana era generosa. Pensaba que debía apoyar las buenas causas, prestar dinero a sus conocidos. Quería ser buena para que le pasen cosas buenas. Decía que lo mejor le llegaría en cualquier momento. Y un día llegó Federico a la vida de Diana.

Federico era seis años mayor. Había tenido muchas parejas antes pero sólo con tres tenía hijos. Federico y Diana se conocieron en una ONG. “Federico sabe de todo, es compañero, es bueno, me invita y me quiere”, dijo Diana con una alegría desbordante de inmediato cuando entró al consultorio.

Esa sesión fue un desborde de emociones. Diana estaba feliz, ya no estaba sola. Todo era maravilloso. Cuando hablaba de Federico sus ojos se iluminaban. Ella hacía planes por los dos.

Diana se proponía hacer todo bien esta vez, por eso me pedía ayuda. Necesitaba ser guiada a no volver a equivocarse. Se le ocurrió que yo podía conocer a Federico y decirle si era bueno para ella. Un compromiso que no estaba dispuesta a aceptar, aunque muchos creen en la psicóloga como en una consejera matrimonial de las que arman parejas de solos y solas.

Acepté conocer a Federico. Un poco por insistencia de Diana y otro poco para conocer a tan deslumbrante varón. En la sesión quería escucharlo, a pesar de las entusiastas intervenciones de Diana. Nunca se entendió si era una sesión de pareja, de presentación o de enganche, pero ahí estábamos. Federico al igual que Diana, sufría por vivir solo. Se repartía entre su trabajo por cuenta propia, las visitas a cada hijo que siempre intentaba unificar y ahora las salidas con Diana. Querían estar juntos. Querían hacer todo juntos. Querían vivir juntos, pero tres semanas de conocerse les parecía un poco apresurado. Para dilatar el entusiasmo se impusieron una fecha de casamiento. Aseguraban que ahorrarían mucho tiempo y mucho dinero si se casaban, pero principalmente ya no estarían solos.

A mí me parecía todo muy apresurado, pero, gracias a Dios nadie me pidió mi opinión. Hasta la siguiente sesión. Diana apareció con único tema de análisis: mis opiniones. Qué me pareció Federico, qué pensaba yo de la fecha programada para dentro de dos meses, y que quizá podría adelantarse. Si era bueno ir a vivir con Federico o si era mejor que él venga a vivir con ella. Conocer a los hijos de Federico, calcular cuándo los niños irían a dormir. Acomodar los horarios de trabajo, las distancias.

El entusiasmo de Diana me acribillaba a preguntas. Creo que su ansiedad impedía que escuchara mis repuestas. Allí comenzó el problema. Diana no aceptaba un *no* por respuesta, pero tampoco aceptaría un “espera un poco más”. Para Diana todo era nuevo, feliz, excelente. Federico era la respuesta de Dios a sus ruegos. Claro, yo no era quién para contradecir la promesa divina. Aun así, le presenté mi opinión una sola vez y confirmé que entendiera que mi cariño por ella no me cegaba de la lógica razón. Diana se decepcionó de mí. Yo también pensé que podía equivocarme y se lo dije. Fue difícil para Diana, fue difícil para mí. No debería haber dado mi parecer por más que Diana insistiera. Pero quise hacerlo. Creí que era bueno advertirle. Pero, ¿advertirle qué? Perdí la oportunidad de callarme, perdí la oportunidad de acompañar a Diana en su decisión. Estuvimos de acuerdo en dejar de vernos. Sentí que por mi imprudencia la abandonaba. Sentirse abandonada era lo que menos necesitaba Diana en esos momentos. Cuanto dolor sentí. Pedí perdón a Dios porque creo que cada paciente de un terapeuta cristiano es enviado por Dios para ser ayudado.

Pasaron seis meses, Diana me llamó llorando. Casi como la primera vez. Otra vez sufriendo, desahuciada, triste. Nunca dije "te lo advertí". Solo lloramos juntas pidiendo el consuelo del Espíritu Santo.

El dolor de no poder ayudar de manera eficiente se contrapone a la propia humanidad de un terapeuta. Vi un video, hecho con dibujos animados que refleja el trabajo de un psicólogo, me resultó ejemplificador: era un profesional que escuchaba a muchos pacientes y también oyó los reclamos de su propia esposa. Atendiendo a los desconocidos era muy hábil y lograba ayudarlos, pero cuando se enfrentó a su ser amado en necesidad se desmoronó. Reconoció que necesitaba ayuda.

Creo que quien ayuda también necesita ser reconfortado, alentado. Jesús disfrutó de ser atendido. Dio su vida, pero lo confortaba que alguien le diera con lágrimas, su perfume. Según dicen los estudiosos, el perfume era un producto costoso, preparado por las mujeres para su propia boda. Él no lo impidió, aceptó ser honrado con esa atención.

"Esperaría que no te asuste este instante de sinceridad

Mi corazón vomita su verdad

Es que hay una guerra entre dos por ocupar el mismo lugar.

La urgencia o la soledad

La soledad fue tan sombría que no te dejó encontrar tu naturaleza divina, La urgencia ganó esta vez dispuesta a penetrarte, prepotente y altiva

Por la noche la soledad desespera, por las noches la soledad desespera que por la noche la soledad desespera, por las noches la soledad desespera.

Espera por ti, espera por él, espera por mí, también por aquel.

Mis condolencias sujetan su alma a una brutal represión

Esperando apaciguarse o confía en el paso del tiempo

Como otra solución para encontrar la calma

Pero te pone loco en las noches rogando entrar en los confines más oscuros después te arrodillas ante el..."

***La Soledad*, Bersuit Vergarabat**

Capítulo 10

MADRE MALA

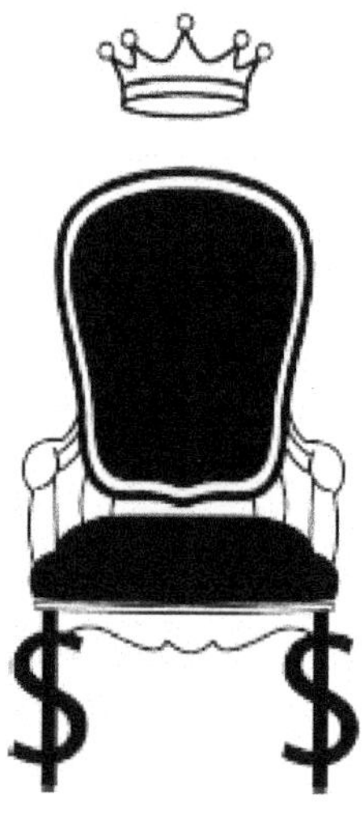

Existen las malas personas. Existen las madres malas. Son una minoría y no son enfermas mentales. Algunas encaminan todo para su propio beneficio, otras sufren de un desinterés general con las personas, aún sus propios hijos.

Conocí una madre mala. La llamaba interiormente "madre expulsora" porque quería sacarse de encima a sus hijos, no a todos.

Un día llegó una mujer a mi consultorio porque su mejor amiga del barrio me conocía. Bety me había escuchado en una charla para mujeres en su iglesia, hace años. Luego de conocerla vi que me seguía en Facebook, sabía bastante de mí, aunque yo nunca reparé en su página. Bety me escribió brevemente para decirme que Patricia, su vecina, me llamaría porque tenía un problemita con su hija adolescente. Acepté esa derivación, Patricia me llamó, concertamos una cita y vino a verme.

Patricia no aparentaba tener una preocupación. Con unos cuarenta y pico de edad, de baja estatura, con ropa común, campera muy usada pero aseada llegó contenta a verme. Rápidamente me relacionó con Bety y me contó que había ido varias veces con ella a su iglesia. Me hablaba como a su vecina, sin pensar. La llevé al punto.

Patricia tenía tres hijos: Paula de 16, Diego de 14 y con otra pareja, a Martín de 9. Patricia no tenía actualmente pareja y se las arreglaba con los dineros de los padres de los chicos, algún subsidio estatal y además ella trabajaba por horas. El "problemita" era que Paula y Patricia no se llevaban bien. Cuando Patricia se enojaba la echaba de la casa. Paula no venía por algunas noches y así Patricia estaba tranquila.

Patricia era una mujer de ojos negros grandes, delgada, tez castaña. Me mostró una foto en su celular de Paula, una adolescente alta y esbelta de piel trigueña y cabello negro largo y lacio. Una hermosa chica que aparentaba 18 o 19 años. Patricia se quejaba de que Paula ya no iba a la escuela porque le gustaba ir a bailar y al otro día no se podía levantar.

Paula peleaba con sus hermanos tanto como con su mamá porque no la dejaban dormir en paz. Se despertaba pasado el mediodía y al entrar la tarde se iba de la casa a encontrarse con amigas. Patricia no le preparaba desde hacía mucho tiempo comida a sus hijos mayores, ellos compraban lo que podían con parte de la poca plata que les mandaba el padre. Patricia se encargaba de Martín porque su padre era "bueno", le daba más dinero y venía a hacerle arreglos en la casa.

Patricia estaba convencida que Paula trabajaba "haciendo presencia" en los boliches y que debía rendirle la plata que ganaba.

Ella creía que ese era el punto conflictivo. "Paula dejó la escuela, trabaja y no compra nada para la casa", aseguraba Patricia. Mi mente estaba a mil por hora, la hubiese sacudido para que viese que ese no era el conflicto. Paula no volvía a casa por algunas noches, desaparecía por varios días porque se quedaba en el boliche a vivir. Pero a Patricia le preocupaba el dinero.

Creí que iba a estallar, pero no es mi estilo, puedo guardar la compostura cuando escucho a un paciente. Confieso que esta vez me contuve porque entendí que Patricia tenía cegado el entendimiento. Aunque todavía no podía determinar que fuese una mala madre.

Llegó la segunda sesión y ya había pensado sobre este caso y había pedido a Dios sabiduría para despertar a la realidad a Patricia, sin ofenderla. Es un desafío para una psicóloga cristiana hacer entender conceptos de amor de madre/padre a quien no los conoce, ni los pretende conocer.

Patricia llegó contando con alegría que le consiguió a Diego un trabajo de 20 a 24 como repartidor de pizza en bicicleta. Hasta ese momento Patricia quería que Diego se vaya a vivir con el padre y su nueva familia, pero como había otros chicos en esa casa, Diego se negaba. Sin embargo, la situación había cambiado porque Diego trabajaba y hasta traía comida de la pizzería a veces.

Todo era conveniente para Patricia.

Diego cursaba el primer año de la escuela técnica. Le gustaba estudiar, pero se le hacía difícil por el trabajo. Si tuviera que dejar de estudiar por otro trabajo mejor, Patricia no tendría inconvenientes.

Volvamos a Paula. Patricia comentó que se llevó un bolso con ropa y el problema mayor que planteaba era que el bolso era suyo. Patricia no sabía dónde quedaba el boliche. Tampoco conocía al entorno de Paula ni al dueño del local, pero suponía que era bueno porque le da un lugar para vivir. Según Patricia, es lo mejor que le puede pasar a Paula y aseguraba que es una desagradecida porque nunca le ayudó a criar a "Martincito" pero se alegraba de que "esta piba ya no molesta".

Patricia me explicó que quiere que sus exparejas y sus hijos le traigan plata. "Aunque tengan que robar no me importa, yo quiero estar bien y arreglar la casa", dijo con soltura. Tampoco le interesaba si su hija se prostituía ni si su hijo tenía que trabajar de noche en la calle. Ella prefería que se vayan y estar tranquila. Las madres malas existen.

Esta madre es egoísta. Sus valores parecen trastocados. Pensé en abordar su niñez que imaginé conflictiva. Al hacer su historia familiar, Patricia relató que su mamá había muerto cuando ella estaba en la secundaria, su hermano vivía en el sur y su papá, que vivía cerca, la ayuda mucho cuidando los chicos y reparando la casa, por su oficio de albañil. De su propio sueldo estaba construyendo una habitación arriba de la casa de Patricia para que los chicos vivan más cómodos. Su niñez y adolescencia las relataba como su mejor tiempo.

Dorothy Canfield Fisher escribió un libro sobre su nuera, en el cual define: "La madre no es una persona que sirve de apoyo, sino una persona que hace innecesario el apoyo". Pero claro, la manera de Patricia era insólita y egoísta, no sólo por el tema del dinero sino por "usar a sus hijos".

Como había comenzado a ir a la iglesia con la amiga, siempre le preguntaba de qué habló el pastor ese domingo. De a poco fue comprendiendo lo que es el amor al prójimo. Aunque Patricia era buena vecina y buena amiga, ella creía que todos estaban a su servicio. Era de las que le reclaman a la iglesia para que les regalen cosas, pedía dinero; un caso casi perdido si no fuera porque Dios es grande. Con ella trabajé el derecho de cada uno, el "dar y recibir". Las dos vías de la generosidad.

Quise conocer a sus hijos, un día vino Diego. Me contó que empezó a ir a la iglesia porque le gustaba tocar la batería. Hablamos de sus padres y me aseguré que entendiera que no podemos arreglar los errores de nuestros padres, pero podemos no repetirlos. Para entender el concepto de Dios como padre bueno y amoroso, Diego tuvo que superar el abandono y desidia de sus padres terrenales. Vino a algunas sesiones y empezó a cambiar su modo extremista de actuar ya que le daba todo el dinero a su mamá, pero cuando se enojaba huía por unos días a la casa de su papá sin avisar. El equilibrio de actitudes y el dominio propio fueron algunos de los temas que tratamos. El libro de Santiago dice que Dios nunca cambia. Fue Dios quien creó todas las estrellas del cielo, y es quien nos da todo lo bueno y todo lo perfecto. Diego estaba entendiendo otro modo de vida.

Paula vino una sola vez porque la invité a través de Diego. Se negaba a aparecer en la casa de su mamá, prefería correr todos los riesgos, pero no verla nunca más. Paula en secreto visitaba a su abuelo, a su papá y hablaba con Diego por teléfono. Entonces, como solo compartiríamos esa única sesión hablamos de su vida y su futuro. Oré con ella pidiendo a Dios que la proteja y que pusiera buenas personas en su camino. Lloró muchísimo y por mucho rato no hablamos, esperé que descargara toda la frustración y los miedos que sentía. Después del abrazo final, lento, cálido y sin palabras, antes de cerrar la puerta me dijo: "Mi mamá nunca me abrazó así, gracias". Nunca más vi a Paula, pero esa sesión fue dolorosamente inolvidable para mí.

Busqué en Internet el concepto de la maternidad, ser madre. Luego de leer en muchas páginas médicas, antropológicas, psicológicas y culturales fui a la Biblia pretendiendo entender la idea de Dios en la formación de este concepto tan complejo. Desde el punto de vista fisiológico, comprendemos lo que sucede en la unión entre un óvulo y un espermatozoide, lo genético o lo heredado. Aún la ciencia no puede definir la formación del alma, tampoco su fin. Por eso la respuesta está en la fe.

Los debates sobre cuándo es el inicio de la vida en el feto serán interminables, independientemente de cualquier legislación que pretenda escribirse. La ley, la fe, la moral entre otras cosas se rigen por diferentes parámetros, no usan la misma regla. Son diferentes unidades de medida.

Me dediqué a estudiar el concepto bíblico de madre para enseñarle a Patricia nuevas ideas, una nueva regla. Le enseñé acerca del amor de Dios, de las personas, de Jesús a través del texto de 1ª. Corintios 13, que ella ya lo había leído alguna vez. Reflexionó acerca de su propio amor. Patricia me explicó que ese era un texto que hablaba de "algo lindo", pero que nunca pensó que Dios la amaba así y menos que ella podía amar así a sus hijos.

Un terapeuta cristiano además de especializarse en escuchar, debe reflexionar, estudiar, aprender y enseñar la Biblia. Cada caso es un desafío de fe para mí. Comprendí que mi misión era sacar a Patricia de la ignorancia sobre su manera de amar. Con la ayuda de Dios y mucho esfuerzo y paciencia, eso hice.

Capítulo 11

RECURSOS INTERNOS

Silvina era una mujer muy glamorosa, hija de un embajador fallecido, esposa de un empresario exitoso. Tenían tres pequeñas y hermosas hijas y vivían en una casona de Barrio Norte que por fuera se notaba que había sido un edificio histórico pero que por dentro era muy moderna y tecnológica. Tenía amigos de su nivel socioeconómico. Club de campo, membresías extraordinarias, colegios trilingües, servidumbre especializada, fiestas y reuniones sociales permanentes. Su vida era tranquila hasta que, a partir de uno de los tantos viajes de negocios, su esposo decidió no volver. La llamada de despedida fue desde el aeropuerto.

Nada parecía raro, a veces por unos días no podía llamarla por reuniones o cambios de horarios. Silvina era hija única así que en la mansión vivía también con su mamá. Un día de verano, estaban las cinco en la piscina y llegó un papel que reescribiría su historia: una orden judicial de embargo y desalojo. Silvina llamó a la secretaria de su esposo, quien le confió desesperada que hacía unos minutos había llegado una orden similar a las oficinas y que no lograban encontrar al "señor Manuel".

Los dos abogados de la empresa no respondían llamados. El contador, tan sorprendido como todos. Sin defensa posible y con una ignorancia total, Silvina y su madre tuvieron que irse de la mansión casi con lo puesto. Les quedaba la 4x4 a nombre de Silvina y una cuenta bancaria de su mamá.

Las amistades de Silvina habían sido estafadas por Manuel, ellos fueron quienes las desalojaron y despojaron de todo. Esa noche fueron a un hotel, pronto alquilaron un dúplex pequeño en Caballito. Las hermanas dormían juntas, por primera vez. La abuela tenía un pequeñísimo dormitorio y Silvina tenía una suite con las medidas de su antiguo baño. Ese mes terminaban las clases. Seguían creyendo en la hipótesis de la confusión, aunque preferían la del secuestro.

Todo rondaba la incertidumbre. Escaparon literalmente del personal y las empresas contratadas. Necesitaban desaparecer. Hablaban entre ellas y lloraban por su nueva y desgraciada vida. Esas calurosas vacaciones terminaban y casi al inicio del período escolar Silvina encontró una escuela pública para sus hijas. A través de una de las maestras, se comunicó conmigo.

Silvina nunca había sido empleada, tampoco había trabajado en nada, excepto en alguna beneficencia para el colegio religioso de sus hijas. Es que casi toda su vida vivió en distintas embajadas con sus padres. Ahora pensó que debía trabajar y aunque hizo algunos intentos de llamar a amigas y conocidos, nadie quiso ayudarle. Nadie pudo creer que ella estaba ajena a las traiciones de Manuel. Nadie creía que un padre tan amoroso como Manuel no se haya comunicado con sus hijas. Tejiendo la historia, descubrieron que Manuel había cambiado el pasaje de Zaragoza a algún lugar en Asia. Era todo lo averiguado, pero ya de nada servía. El trabajo se volvió una obsesión para Silvina, su único pensamiento.

Silvina pensó en trabajar en la cooperadora de la escuela, pero luego supo que no era un trabajo remunerado. Conocía de comidas y postres y se ofreció en una confitería, pero era para despachar en el mostrador y con el sueldo no llegaba a pagar el alquiler. Los ahorros de la abuela eran muchos, pero el dinero del banco pronto se acabaría. Suspendieron los celulares de las dos hijas menores y apareció la palabra "pobreza".

Esta era la primera vez que acompañaba terapéuticamente en un duelo de estas características. Después de semejante traición, "confianza" parecía una mala palabra para Silvina. Usé como herramientas la autoconfianza, la autoestima, la autovaloración y como considero que puedo ayudar expeditivamente, empezamos a tejer la red de recursos, de contactos, de conocimientos.

Imaginamos un nuevo país, una nueva ciudad. Autovalerse y automotivarse era el lema. Silvina nunca imaginó todas sus fortalezas ni consideró su fuerza moral. Para ese momento esto era todo su capital. Debía invertirlo y explotarlo.

La primera cualidad era su confiabilidad. El tránsfuga era su marido. Tomar distancia de los malos actos de su esposo la hizo diferenciarse y considerarse superior. Su apariencia era creíble, hablaba con certeza, tenía buena educación, sabía varios idiomas, conocía varias culturas. Mi búsqueda se enfocaba en hallar algo bueno y destacable para el mundo del trabajo, pero a la vez Silvina debía poner su mente en el futuro y dejar atrás el otro mundo.

Tenía una fortaleza extra en casa y con sus hijas, pero en mi consultorio lloraba de impotencia. "Necesito una buena idea", exclamó Silvana como epifanía. "Solo Dios puede darte una buena idea, lo que necesitas", le aseguré. Silvina afirmó: "Cierto, Dios me tiene que ayudar". Esto transformó su perspectiva.

La Biblia dice que debemos transformar nuestra mente, nuestra forma de pensar. Hablamos de cómo pensar, de cambiar la mirada y el ánimo. No como un positivismo hueco y marketinero sino como una experiencia profunda, interior, espiritual.

En la búsqueda de recursos pusimos a las hijas como el motor para seguir adelante, un capital motivador. Me enfoqué en la mamá de Silvina, María de los Milagros, Mily. Al insinuar coordinar una sesión para conocerla, Silvina dijo que Mily también quería venir a verme.

Cita acordada. Tres mujeres y un objetivo: seguir con la vida "digna". Mily fue un recurso clave: sus amistades y conocidos en todo el mundo tenían que servir para algo. Hicimos listas, medimos distancias y hasta pensamos en diferentes países. Estas intrépidas mujeres tenían una mente abierta a un universo diferente, se habían codeado con familias diplomáticas alrededor del planeta. Creamos una primera estrategia para buscar a la familia de Mily y de su esposo, pero pronto se decepcionaron y me dijeron que era mejor tomar otro rumbo.

Vinieron juntas varias sesiones. La colaboración de Mily hizo la diferencia, tanto para la búsqueda laboral como para estabilizar los ánimos de Silvina y de sus hijas. Era delicada y directa, nunca decía una palabra fuera de lugar, su mente era ágil y tenía un pensamiento lateral óptimo para encontrar soluciones a problemas y respuesta a dudas. Así le servía a su hija de apoyo y seguridad.

Los ahorros se acababan y la preocupación aumentaba. Mily empezó a hacer llamadas y contactos. No le parecía tan raro tener que ir a un locutorio en ciertos horarios para hablar a alguna embajada, me aseguraba que lo veía como una aventura, aunque ambas sabíamos que no era cierto, pero jamás lo reconoceríamos, no había tiempo para esas nimiedades.

A la cuarta semana de trabajo de investigación vincular apareció un contacto bastante certero en Uruguay. Pero, debían ir a hacer una especie de observación de campo, no podían aventurarse ni decidir sin seguridades.

Allí fue Mily, a Montevideo. Estuvo una semana en la casa de unos amigos, casi parientes que le debían algún favor importante que nunca supe cuál era. Mily llamó a Silvina para que el siguiente fin de semana fuera con las hijas.

Allí se decidieron. Todo pasó rápidamente. Volvieron, hicieron las valijas solo con ropas y útiles del colegio de las nenas y definitivamente se fueron. Antes de eso vinieron a verme Silvina y Mily. Estuvimos más de dos horas hablando del desapego, de nuevos rumbos, de un nuevo comienzo. Eran personas instruidas, conocían bien la Biblia, iban a una Iglesia Católica, confiaban en Dios y rezaban de manera habitual.

Fue una despedida diferente, las tres oramos pidiendo a Dios por el futuro de ellas cinco como familia, como individuos. Cada una oró a su manera, con fe ante lo desconocido. A la semana, para mi sorpresa, Silvina me llamó. Su vida empezó de nuevo. Consiguió trabajo en una agregaduría diplomática y ya imaginaba nuevos amores. Seguimos en contacto casi un año más. Siempre fue agradecía a Dios por todo, en especial por no haber sabido nunca nada mas de su marido.

¿Que sale de tu interior frente a la presión? Quedás expuesto. Cuando presionás, algo de lo que está adentro sale. Si apretás una naranja, sale jugo de naranja. ¿Si te presiona tu jefe que te sale? ¿Trabajás más? ¿Rendís mejor? ¿Te violentás, odiás y justificás tus reacciones? ¿Creés que es una injusticia y que te odian? ¿Las presiones familiares te hacen huir? ¿La presión financiera te deprime? El límite te expone, es el momento en que aflora lo mejor y lo peor de cada uno. Lo interior, lo íntimo, lo oculto. Frente a la presión no podés demostrar lo que no sos. Silvina era más de lo que se veía, de lo que ella creía. La presión desarrolló su potencial, se hizo cargo de su familia en todo sentido. Tomó decisiones importantes como una mujer valiente y demostró la resiliencia interior.

Silvina y Mily amaban a Dios. Su fe se acrecentó frente a la adversidad. Porque a los que amamos a Dios, todas las cosas nos ayudan a bien y en todas estas cosas somos más que vencedores por medio de aquel que nos amó. (Romanos 8:28)

En una de las últimas conversaciones por Skype con Silvina me confesó que, en su historia reciente, salió ganando y dijo: "Ahora conozco otra realidad, hice un buen negocio". Tuve que darle la razón porque Aristóteles decía que un negocio es el trabajo, la negación del ocio, de la pereza, de la comodidad que vivían las mujeres de esta historia.

Una nueva palabra y un nuevo concepto ético es el *consumerismo*. Desde la Reforma, el *utilitarismo* fue el paradigma social. Todo lo que se hacía tenía que ser útil, porque lo que es útil es bueno y toda conducta tiene que tener buenos resultados. Luego llegó el *consumismo*, una forma de vida y de pensamiento instalada en el confort, en lo bello, en una vida cómoda. Ahora Silvina aprendió el *consumerismo*, un movimiento basado en los niveles educativos y urbanos sociales más altos, donde el consumidor es el soberano de los mercados y denuncia la asimetría en la retribución entre los que producen y los que consumen. Fomentan la creación de organizaciones de consumidores y usuarios para enseñar una manera consciente de gastar e invertir las ganancias. Aprovechando estos conceptos, le enseñé a Silvina y a su familia que entre el deseo de comprar y la compra real, debe instalarse la necesidad. Lo compraré si lo creo necesario, a veces no imprescindible, pero debo diferenciar si lo compro por *hobbie* o porque lo necesito. Bajo este principio Silvina empezó una administración diferente de su dinero, de los deseos, de la educación financiera, del aprovechamiento de todos los recursos.

Capítulo 12

REDES Y ENREDOS

En Argentina, al menos en Buenos Aires, tenemos muchos hermanos latinoamericanos que vienen a estudiar o a afincarse para probar suerte. Como Mailén, que llegó de Venezuela a vivir con su prima que estaba estudiando medicina en la Ciudad de Buenos Aires desde hacía cuatro años y trabajaba en una empresa multinacional. La prima de Mailén lloraba por estar tan sola y consiguió entusiasmarla y traerla para que estudie y trabaje, mientras ella le aseguraba la vivienda en el departamentito de un ambiente que alquilaba en el barrio del Almagro.

En el otoño de 2010, Mailén aterrizó en el país y pronto consiguió un trabajo de recepcionista en un centro de estética. Con buena presencia, alta, morocha, simpática y con un tono latino muy dulce y atractivo al hablar no le fue difícil hacerse un espacio favorable en su trabajo. Además, Mailén era una chica querible y servicial, con una sonrisa franca y grande que dejaba ver sus dientes muy blancos.

Llegó a mi consultorio cuando tenía 25 años, para decidir qué sería bueno estudiar. En Venezuela estudió peluquería y manicuría, pero acá tenía la posibilidad de hacer una carrera universitaria. Fue entonces que comencé a guiarla en una orientación de estudios universitarios y también nuevas posibilidades laborales. Cuando su decisión se inclinaba por ciencias sociales, aceptó mi sugerencia de practicar algunas técnicas de estudio porque decía que luego de la escuela media nunca más había tocado un libro.

En ese proceso estaba hasta que apareció en su trabajo Robi; un agente de correo privado con su moto trayendo un pequeño paquete. Mailén y Robin se amaron a la primera mirada. Él era caribeño, no recuerdo de qué país, pero lo cierto es que ese día se inició una historia de amor increíble. Aunque no era el tema de nuestras sesiones, Mailén quería -y creo que necesitaba- un acompañamiento en esta explosión de emociones. Sabiendo que estaba lejos de su casa, de sus padres y hermanos, me pareció bien escucharla.

Llamadas, mensajitos, audios, videítos y un perfil de Facebook que declaraba su mutuo amor. Titi, la prima de Mailén preguntaba y participaba de esos sentimientos. Las solicitudes de amistad no tardaron en cruzarse y los mensajes privados entre Tití y Robin se hicieron tan frecuentes hasta el primer contacto personal y a solas.

Robin amaba a Mailén pero empezó a salir con Tití que se sentía muy sola en Buenos Aires. Se quejaba de que nunca había tenido un novio formal, que a ella los chicos la usaban. Las redes sociales empezaron a enredarse y luego de unos meses Mailén empezó a sospechar. Los mensajes y las fotos olían a traición. Un día Mailén siguió a su prima, la vio encontrarse con su novio. Llegó angustiada y llorando a mares. Pero su fuerza resistió a una segunda vez, parecía no querer creer lo que veía, los vio abrazados y riendo entrando a un hotel a pocas cuadras del departamento.

Me pidió venir con urgencia ese mismo día. Llegó con los ojos hinchados, envuelta en una chalina grande. Era invierno y de noche. Ya sabía que Mailén aun sufría por el clima de esta ciudad, le costaba acostumbrarse, pero ahora el frío era también interior.

Me había adelantado telefónicamente que la urgencia se debía a que descubrió que Robin le era infiel. Se sentó y solo dijo: "Esto cambia todas las cosas". A partir de esa frase se quedó mirando al infinito por un puñado de minutos que parecieron una eternidad. Una valiente Mailén relató todos los hechos entre suspiros y profundas respiraciones. Tití también traicionó su confianza.

Luego de escucharla atentamente, sin intervenir con palabra o expresión audible alguna, Mailén se dejó guiar y entonces empezamos a pensar los recursos y posibilidades. No solo en los financieros sino más bien en los emocionales y psicológicos. Armadas con sus fortalezas buscamos la mejor manera de enfrentar la situación. Planeábamos cómo decirlo, a quién decírselo. Evidentemente no podía vivir con su prima, pero también quería terminar con Robin.

Lloraba de angustia, de bronca, decía que era una tonta. Sobre todo, lloraba porque se quedaba sola. Pensaba pedirle asilo por unos días a una compañera de trabajo o irse provisoriamente a un hotel. Descartó toda opción de contarle a su familia en Venezuela, al menos por ahora. Desde lejos nada podrían hacer, pero sabía que, si se enteraban y llamaban por este tema, le creerían a su prima y hasta la defenderían. "Ellos saben que Tití fue buena conmigo, me dio todo. Pero ahora me sacó todo", aseguró.Desahuciada y con los bellos ojos negros enrojecidos por tanto llanto, estaba a punto de desmoronarse. Volvió a la casa de su prima y dijo que con todos sus ahorros compraría un pasaje de vuelta a su casa de La Blanquera, su ciudad, porque extrañaba "mucho a todos". El trámite fue rápido. Nunca más atendió las llamadas de Robin, lo bloqueó de todas las redes. Nunca acusó a Tití.

Vino a despedirse la noche anterior. El abrazo que me dio duró tanto como aquel eterno silencio. Lloró en mi hombro agradecida, dijo que se llevaba la Biblia que le regalé. Me escribió al llegar a Venezuela y un tiempo más nos comunicamos por Facebook y hasta logró aprender de memoria algunos salmos y visitar una iglesia bautista en Venezuela con una familia amiga de la infancia.

El cuerpo no conoce la diferencia entre nervios, emoción, pánico y duda. A veces no sabe si es un comienzo o el final de una situación. El cuerpo solo dice que te escapes. Podés ignorar ese pedido, es razonable. Pero tenés que escuchar y confiar en tus instintos. Tenemos un mecanismo ancestral, como humanos, frente al peligro: huir, escapar. Lo más aterrador es una tremenda ansiedad y la impresión de perder el control.

Nuestro cerebro acciona nuestro cuerpo frente al peligro, pero también nuestro cuerpo a través de las percepciones ordena al cerebro cómo reaccionar. La crisis de angustia, el miedo, el pánico, la ansiedad, el estrés son mecanismos de defensa, de supervivencia.

Poseemos *una vía rápida de reacción* cuando vemos, oímos o percibimos un peligro, una amenaza. Una sombra, un estruendo, un roce que nos eriza, pueden paralizarnos. Concentramos toda nuestra atención en ese estímulo. Allí se producen muchas reacciones corporales, conductas autónomas, no pensadas: el corazón late más rápido, los vellos se endurecen, los músculos de las extremidades se tensan como para correr o golpear, hay más traspiración, cambios de temperatura, la vista se agudiza, los músculos de la cara enrojecen y muchas más reacciones del cuerpo que le hacen tomar al cerebro una decisión: huir, correr, agitarse.

Luego, conocimos al desconocido, reconocemos ese sonido, el estímulo pasa y se acciona *una vía lenta de reacción* todos nuestros valores corporales se recuperan, respiramos a ritmo. Es el cerebro ordenando el cuerpo interna y externamente. Fisiológicamente estabilizados en la reacción hipoglucémica (baja de azúcar en la sangre), el prolapso de la válvula mitral (problema cardíaco), la hipotensión ortostática, (baja de la presión arterial), la hiperventilación (respiración rápida y corta), entre otras.

La amígdala cerebral juega un rol central en el mecanismo del miedo. El circuito amigdalino tiene una doble función, por un lado, tiene un rol directo en detectar inconscientemente estímulos amenazantes y generar una respuesta automática conductual y fisiológica. Por otro, tiene un rol indirecto donde están involucrados mecanismos cognitivos que generan la sensación consciente del miedo y la interpretación de la misma. La amígdala recibe información sensorial de todos los sentidos a través de una vía rapidísima que reacciona ante una amenaza antes de que llegue al córtex.

La variedad e intensidad de los síntomas difieren de una persona a otra. Lo sorprendente es que cuando recordamos aquel hecho intenso, nuestro cerebro no reconoce que es un recuerdo y otra vez reacciona con la misma sorpresa. Sin importar el tiempo entre una experiencia y su recuerdo aparece una sensación similar, una respuesta negativa idéntica a la primera. Si estuviéramos hablando de una patología diríamos que es un trastorno por estrés post traumático (TEPT).

Capítulo 13

RENOVACIÓN MENTAL

"¿Cómo comprender la voluntad de Dios cuando querés hacer las cosas bien y todo te sale mal?" Así comenzó, ómo comprender la voluntad de Dios cuando querés una fría y desapacible tarde, la sesión con Pedro, un hombre de unos cincuenta años con generaciones de cristianos en su pasado. Pertenecía a una de esas familias donde la iglesia siempre fue prioritaria en sus vidas. Adecuaban sus planes a los de la iglesia. Los cumpleaños o invitaciones se hacían en días u horarios en que no había alguna actividad en el grupo eclesiástico. Sus abuelos se habían mudado al barrio donde estaba la iglesia para que los hijos puedan ir y volver solos desde la adolescencia.

Estaba vencido. Sus brazos caídos ya no querían luchar. Comprender su potencial, entender las promesas de la Biblia y creerle a Dios pasaban a ser sólo teorías de algunos líderes; hoy todo estaba mal. Pedro no sabía qué camino tomar. Se derrumbaba todo a su alrededor.

Pedro tenía un trabajo precario y su esposa, que era quien más contribuía a la economía familiar, perdió el empleo porque la fábrica cerró. Su hijita tenía una enfermedad crónica. Pedro sentía que seguir adelante con todo era demasiado pesado. Estaba estresado a tal punto que comenzó a deprimirse. Sobre todo, los fines de semana. Necesitaba ayuda y hasta le costó decidir acercarse a "una psicóloga cristiana mujer", como me definió. Temía que las sesiones sean sermones, consejos y exhortaciones a creer en la palabra de Dios y a orar y ayunar.

Desde el principio tuve que aclararle que además de consejera soy una profesional de la psicología y que también considero que es necesario creer, orar, leer y ayunar. Pero, una psicóloga cristiana ayuda si tiene en cuenta que todas esas prácticas no son en algún momento determinado la solución. Jesús dio de comer y sanó muchas veces como forma de predicar el evangelio.

Las primeras cuestiones a saber eran desde cuándo se sentía así, cómo es su personalidad, qué le impedía hoy poder enfrentar la adversidad, si creía que iba a poder ser consecuente con el tratamiento y si dejaría que yo lo ayudara. Mientras Pedro estaba empezando a entender que esto no era una consulta de consejería y al reconocer que era un problema muy grande para sobrellevarlo sólo, lloró. Le ofrecí mi ayuda con la condición de su colaboración.

Una de mis palabras preferidas es OFRECER. Me encanta el sentido de ofrecer. No es regalar, no es imponer, no es ni siquiera dar. Ofrecer es estar abierto a que quien quiera lo que tengo para dar, lo pida o lo tome. Es como poner en una vidriera. El ofrecer de Jesús es puro sacrificio, pero Él no lo impone, no es regalado para quien lo da ni para quien lo toma.

Tomar un ofrecimiento es un compromiso que siempre implica una gratitud. Aceptar el ofrecimiento sacrificial de Cristo en la cruz, aceptar sus dones, aceptar la vida eterna, aceptar la comunión permanente con el Espíritu Santo, aceptar incondicionalmente a mis hermanos, aceptar con gratitud es la contrapartida a este compromiso de Jesús.

Pedro aceptó que necesitaba ayuda psicológica y, venciendo la vergüenza que lo traía a mi consultorio, reconoció que su antiguo machismo, su condición de líder, su puesto de co-pastor, su función de padre y de marido, sus roles y funciones tenían que ser revisados. Aceptar mi ayuda lo puso en una condición de necesitado más que nunca. Requerir algo de mi profesión era reconocer su extrema necesidad. Pero sabía que mi confidencialidad estaba asegurada, eso lo animaba a explorar su conciencia cuando se lo reafirmaba cada vez que nos veíamos. Pedro hablaba libremente desde el fondo del pozo, hasta que pudimos hablar cara a cara.

Su depresión quedó atrás. Su sentimiento de fracaso tenía un motivo endógeno pero un estrés fundado en la preocupación. Se puede ordenar la cabeza y dejar las cargas. Ir tratando lo que se puede solucionar decidiendo el orden de prioridades y de posibilidades. Aprender a reflexionar no es estar cargado con una mente preocupada rumiando los problemas. Pedro aprendió a meditar, a pensar, a madurar sus pensamientos, a aceptar el momento presente sin desesperación ni desesperanza.

Cuando una persona puede decidir en qué pensar y a cuál problema se va a abocar a solucionar, lo hará en forma ordenada, con un recuento de sus recursos, considerando las alternativas, pidiendo ayuda si lo necesitara, dando pasos certeros y guiados espiritualmente hacia una solución. Considero que esto es también buscar el camino hacia la perfecta voluntad de Dios. Así se educa nuestra mente para tomar decisiones correctas. Hasta hoy recuerdo con satisfacción a Pedro, haber visto cómo enfrentaba con valor y decisiones pensadas cada uno de los inconvenientes que le surgieron y como los solucionaba.

Pedro enseñó muchas veces esto a su congregación. Los fieles allí entendieron que la fe no es ciega y que la voluntad de Dios no siempre la encuentro en mis deseos.

Varias veces le propuse tareas a Pedro, suelo hacerlo si el paciente quiere. Una vez le pedí que preparara un sermón de 20 minutos y me enseñara lo que la Biblia le dice al ser humano deprimido. Los líderes y pastores se sienten muy bien predicándome. Para esa sesión dejé detrás de mí la ventana sin cortina, Pedro descubrió que me hablaba y de reojo se miraba en la ventana. A mitad de su discurso me dijo: "Si me miro me estoy predicando a mí". ¡Fue muy gracioso escuchar su carcajada! Su mirada cómplice, su negativa a seguir cuando se dio cuenta que ese sermón era para él. Tuve que convencerlo de que necesitaba escuchar la conclusión de su prédica.

Esa fue una sesión especial, cambió su forma de ver su problema. Citó la Biblia, explicó teológicamente algunos versículos. Se predicó a sí mismo. Luego me confesó que hacía mucho tiempo que no estudiaba la Biblia como solía hacerlo. Hicimos un plan de lecturas especiales. Volvió a las reuniones de oración y su esposa quiso ir con él. Empezaron a ejercer fe. La manera de encarar la vida fue diferente. El ánimo de Pedro cambió, encaró un trabajo de forma autónoma, independiente. Él dice que abrió por fin su cabeza, que aprendió a tomar sus "decisiones cristianas".

Nuestro cerebro trabaja como una red neuronal. Sin embargo, la toma de decisiones, las funciones ejecutivas y los vínculos interpersonales dependen básicamente de nuestro prefrontal, el área que está detrás nuestra frente. El desarrollo de esta zona acaba alrededor de los treinta años. Pedro analizó esto junto a las herencias recibidas, la vida sencilla y fácil que dijo haber tenido hasta enterarse de la enfermedad de su hija. Su depresión no estaba basada en la economía. Alejarse de

Dios se motivaba en no comprender la voluntad divina y se cuestionaba el porqué de las desgracias. Las cosas malas que le pasan a la gente buena.

Pedro tuvo que renovar su manera de pensar, su mente. Estuvo completo cuando volvió a su Dios. Hoy Pedro es un líder reconocido por su testimonio de vida. Me enteré que acaba de tener un hijo.

Capítulo 14

VOCACIÓN DE MADRE

Con 16 años, Didí era un artista. Su vocación era tan clara desde su niñez que los padres no dudaron en inscribirlo en un Bachillerato con Orientación Artística. La que más alentaba su inclinación a la pintura era su madre, Ana María. Cada cumpleaños, día del niño o navidad escogía un regalo que lo motive a encontrar en la pintura su futura profesión. Tan grande era su deseo que inscribió a Didí en un curso de pintura y llegó a presentar sus dibujos en un concurso nacional. Siempre aparecía con pinceles, lienzos u óleos diferentes, mejores, más caros. Amaban ver juntos los libros con fotos de los grandes artistas, deseaban viajar a los mejores museos del mundo. Ana María aseguraba que pronto Didí podría ir al Louvre, al Prado, al Británico, al Metropolitano y que era imprescindible para un verdadero artista ver cara a cara las obras más prestigiosas.

Ella creía que Didí podría triunfar, se empeñó en cumplir en su hijo el sueño de su propia niñez. Todos hablaban del talento natural de Ana María en el arte, y aunque ella quería estudiar pintura, nadie la alentó. Ana María nació en una familia numerosa, y a pesar de tener una tía actriz y un tío mago, todos sabían que de eso no se podía vivir. El dibujo y la pintura no tenían futuro por esos años.

Aunque Didí tenía dos hermanos mayores, la preferencia de su mamá estaba exclusivamente dedicada a Didí, que en realidad se llamaba Daniel Josué. Los nombres elegidos por esta familia cristiana desde siempre tenían una carga emocional en el carácter de Didí. Rubio como un sol, de ojos color miel, menudito y de piel blanca. Delicado y prolijo, siempre con buenas notas, aunque no tanto en matemáticas ni en geografía. Típico de los artistas: la economía y los números nunca suelen ser su fuerte, trabajan fundamentalmente con la creatividad, las formas globales. Por eso en general necesitan de mecenas.

El papá de Didí tenía una fábrica de envases y elementos plásticos. No entendía bien los gustos de Didí pero admiraba sus trabajos, sobre todo cuando su esposa le daba argumentos con sus mágicas interpretaciones. Cuando Didí cumplió doce años, comenzaron a pagar una academia de pintura para ampliar la visión del artista. Didí encontró allí a destacados profesores, algunos de renombre. Era muy feliz.

Mientras cursaba el bachillerato, las clases en la academia aumentaban en exigencia y le demandaban más tiempo. Un día, un joven profesor lo invitó a su atelier; eso fue descomunal. La sorpresa sucedió cuando el profesor le dijo que quería ser su mentor. Así fue que se convirtió pronto en su mecenas, le prometía que expondría sus obras y no cobraba por las clases a cambio que el bello Didí fuera su modelo.

El profesor le enseñaba las técnicas de manera rigurosa y estructurada pero también le enseñaba acerca del amor, de la pasión del artista, de la inspiración y del sexo. Didí era muy chico para ser grande pero ya era grande para ser un niño. Sus deseos se confundían y las largas conversaciones con el profesor eran cada vez más extensas y profundas, ambos cumplirían los anhelos del otro. No podían dejar de perseguir un anhelo secreta y homosexual.

Didí no tenía amigos, la pintura llenaba su vida. Nada había más importante que desatar el oculto artista que había en su interior. Ana María no tenía en cuenta una baja nota en el colegio ni que no vaya a reuniones familiares, ella creía que lo comprendía todo y aceptaba todo lo que Didí hacía. Podía inventar excusas para su marido y sus otros hijos, siempre salía en defensa de Didí. Además, Ana María admiraba al profesor, cada tanto le mandaba un regalo en agradecimiento por dedicarle tanto tiempo y esfuerzo a la carrera de Didí.

La familia comenzó a tener desigualdades. Los esposos opinaban diferente en cómo conducir a los hijos hacia el futuro. Los hijos mayores empezaban la facultad y trabajaban algunas horas en la fábrica, casi no veían a Didí. Los tres hombres de la casa desconocían a Didí desde que empezó las clases particulares con el profesor: ya no hablaban ni salían juntos, no iban juntos a las reuniones de jóvenes de la iglesia, Didí no asistía a los cumpleaños de amigos en común. Estaba siempre afuera o encerrado en su habitación.

Este tema trajo a Ana María a mi consultorio, pero luego de algunas sesiones el proceso se alargó. La homosexualidad de Didí no era un tema que Ana María pudo prever ni prevenir. Ni siquiera pasó por su mente, nunca lo aceptaría. Didí no quería cambiar de profesor y un día se fue a vivir a su casa. Así se escapó definitivamente de la vida de Ana María. Al tiempo ella enfermó, la depresión fue infinita.

La culpa y la furia rondaban sigilosamente en la casa. Todos acusaban a Ana María y ella se acusaba a sí misma. Su vergüenza fue extrema: dejó de asistir a la iglesia y se apartó de sus amigas. La melancolía la dejó en cama, la angustia por Didí sería eterna. Ana María reconocía que se equivocó al preferir el talento de Didí abiertamente pero no podía negarlo. Se había quedado sola y vacía, sin ninguna motivación, nada por emprender, nada para soñar, nadie a quien guiar y con una disminuida autovaloración.

Más de una vez llorando me dijo que ella misma fue quien puso a Didí en las manos perversas del profesor. Aseguraba que ella quiso llevarlo al arte, pero lo arrojó a la homosexualidad. Su esposo no la acusaba abiertamente pero el silencio era muy elocuente.

La culpa y la aceptación fueron los primeros temas abordados en la terapia. La resocialización y la restauración espiritual vinieron más tarde. Conectarla con una nueva congregación me parecía importante para Ana María, ya que nadie de la familia volvió a la iglesia. Ella aprendió que la iglesia es una comunidad sanadora, pero ya no tenía fuerzas para explicar las cosas en aquella congregación, la acompañé a hablar con los pastores. Fue como volver a empezar.

Luego de casi dos años Ana María estuvo preparada para encontrarse con Didí, sus ojos lloraban relatándome el encuentro. Volvió a estar completa, casi feliz. Nadie más en casa quiso estar cuando volvió Didí.

¿Qué hacemos mal al criar a nuestros hijos? ¿Acaso es malo incentivarlos al desarrollo de sus capacidades? ¿Cuándo es el momento de dejarlos volar, de tomar sus propias decisiones? El diablo vino para destruir: es sutil, se disfraza. El mal se enmascara. Si Didí hubiese salido con amigos toda la noche y volvía borracho, la familia unida trabajaría al respecto, podría límites, actuaría en defensa de Didí. La familia de Didí se separó mucho antes, Ana María se obsesionó, descuidó la unión familiar, apartó al hijo exclusivo. "Sean prudentes y manténganse despiertos, porque su enemigo el diablo, como un león rugiente, anda buscando a quien devorar", advierte la Biblia en 1ª Pedro 5:8.

La ocasión hace al ladrón, afirma un dicho popular. Por eso es necesario considerar en casos de homosexualidad, grooming, abusos, síndrome de Estocolmo, entre otros que, dependiendo de la personalidad de base, puede ser fácil ser introducido de manera solapada, sin intención y aún sin el deseo real de hacerlo. Aquí la diferencia radica en si la víctima es un menor o es una persona mayor, ya que la ley toma en cuenta esto como determinante, pero la biología puede decirnos otra cosa acerca de la madurez mental y de la toma de decisiones.

En el Antiguo y en el Nuevo Testamento, la homosexualidad está enmarcada como un pecado. Quien crea que la Biblia es la palabra de Dios, debe saber que el pecado es estar lejos de Él. Mentir, robar, calumniar, entre muchas otras cuestiones también son pecados. La diferencia con los pecados de matar, violar, herir o corromper el cuerpo, es justamente que tienen consecuencias físicas, y la Biblia considera la santidad del cuerpo como templo del espíritu.

Se trata de diferente legislación. Que sea legal no implica que sea moral. La moral de las leyes de una nación es una moral-moda de la mayoría. La mayoría hace algo, se generaliza o se forman grupos que se imponen y se debe crear una ley y si es un delito, una pena, para que no se desbande. Cada uno puede creer lo que quiera y adherir a la fe que crea conveniente, pero no puede modificar los estatutos bíblicos. Estos son aceptados o rechazados, sin ambigüedades e intentando adaptar la vida toda a la fe que se profesa.

Paradójicamente, el pueblo de Dios no es mayoría en un país cristiano, por eso la ley de la conciencia personal en base a la fe rige nuestro actuar.

Que sea legal no quiere decir que sea justo,

Que sea legal no quiere decir que sea verdad,

Que sea legal no quiere decir que sea bueno,

Que sea legal no quiere decir que sea ético,

Que sea legal no quiere decir que sea moral,

Que sea legal no quiere decir que sea cierto,

Que sea legal no quiere decir que sea sano,

Que sea legal no quiere decir que sea santo,

Que sea legal no quiere decir que haya acuerdo,

Que sea legal no quiere decir que traiga paz,

Porque,

Lo legal no quita la culpa,

Lo legal no perdona,

Lo legal no justifica,

Lo legal no redime,

Lo legal no vivifica,

Lo legal no pacifica, Lo legal no salva, Lo legal no unifica.

Capítulo 15

RECURSO HUMANO (RH NEGATIVO)

César había perdido su trabajo. Era casi contador público, estaba a 3 materias de recibirse. Se había casado hacía 2 años con Nadia. Como tenían que pagar el alquiler y otros gastos, encontrar trabajo era muy necesario porque con el sueldo de Nadia no alcanzaba.

En poco tiempo, y a través de un conocido consiguió un empleo ideal: ayudante de contador. La empresa donde iba trabajar era bastante lejos del barrio en el que vivían, pero aun así aceptó porque el sueldo vendría a resolver todos los problemas. Además, el clima laboral era ameno, los compañeros gentiles y amigables.

Cuando conocí a César ya tenía más de veinte años de antigüedad en ese empleo. Las cosas habían cambiado y mucho. La economía del país había pasado por muchos altibajos y, como era de esperar, la empresa también.

El inconformismo de César se fue afianzando y aumentando con los años. Él no podía definir porqué le deprimía tanto ir a trabajar. Su sueldo fue quedando atrás, rezagado en comparación con el de colegas y amigos, casi como su rendimiento. Su queja pasaba por diferentes estadíos y es por eso que él aseguraba que debía luchar para enfrentar muchos temas.

El trabajo se incrementaba al ritmo de sus obsesiones. El desorden en sus papeles cada vez lo hacían perder más tiempo. Sentía que era amenazado por personal cada vez más joven a su alrededor. Trataba de *aggiornarse* en los métodos contables y en los sistemas informáticos. También quería asegurarse que ninguno en la empresa supiera lo que él sabía hacer. Eso le daría exclusividad, lo necesitarían, no podrían despedirlo.

César luchaba con la amenaza de haber pasado los cincuenta y eso no lo podía soportar. Irremediablemente se sentía en la mira de un futuro telegrama de despido, pero a la vez ya se había hecho a la idea de tal manera que lo deseaba. Necesitaba ilusionarse con que alguien pagara por todo su sufrimiento, que le pagara mucho dinero por sus casi 30 años de servicio.

Cuando hablábamos de las cosas que habían cambiado desde que entró a la fábrica, mencionó las nuevas máquinas, la computación. Recordó a algunos compañeros que se fueron y a otros que murieron. Recalcaba suspirando que nunca nadie había sido echado, sin poder definir si eso era una ventaja o una desventaja para él.

César casi no tenía amigos, excepto Daniel, el Dani, lo ayudaba. César decía que era "un señor", alguien respetable, que le hacía favores. Daniel no estaba en las oficinas sino en el taller, pero muchas veces hacían un descanso juntos y César dentro de sus muchos rituales, compraba una Coca Cola y la compartían. Dani se quejaba de lo mismo, de que la empresa ya no era igual que antes. Que el dueño era "muy pillo, aprovechador", más bien "amarrete". Ambos coincidían. Antes tenía un trato más cercano y agradable, les daba un premio por productividad, pagaba horas extras. Ahora no. César y el Dani compartían sus pesares, como buenos compañeros. Pero ninguno podía irse, algo los ataba a esa empresa, quizá por los años transcurridos.

En una sesión muy intensa, César lloró. Fue cuando recordó a los hijos del dueño de la empresa. De vez en cuando aparecían con su mamá. Eran unos niños muy juguetones y rebeldes, le tocaban las cosas de su escritorio, querían jugar en la computadora. Varias veces César contó que los chicos pateaban las cajas de pedidos; a veces las rompían y el padre los retaba. César también los retaba. Esos preadolescentes crecieron, ya no venían a la empresa y no les interesaba trabajar allí, pero si aparecían era para pedir plata o favores del padre. Entonces se convertían en unos días en "empleaditos" ayudantes de las oficinas, solo hasta lograr lo que querían y volvían a desaparecer.

Pero los chicos crecieron y un día decidieron quedarse a trabajar y a modernizar la fábrica, reformar las oficinas, los sistemas contables e informáticos. César los conocía muy bien pero ahora debía obedecer sus sugerencias, sus órdenes. Decía que no le molestaba cumplir pero que los chicos no sabían bien cómo era el trabajo. A poco de percibir estos cambios en su lugar de trabajo César se deprimió. "Los que jugaban a patear cajas ahora son mis jefes. Yo los retaba y ahora ellos me dicen lo que tengo que hacer. Ellos me hacen enseñarles a otros, pero no me echan, casi prefiero que me echen de una vez por todas", decía César mientras sus lágrimas se acumulaban por salir en forma de cataratas de sus ojos.Ese día César murió interiormente. Su trabajo había sido su vida. Poco después murió realmente.

¿Cuáles son tus prioridades? ¿Cuánto ocupa en tu mente tu trabajo? ¿Cuánto de tu corazón demanda cada tema, cada persona?

Una de las maneras de ordenar nuestra mente es ubicar cada cosa en su lugar. Es como tener una gran biblioteca organizada, donde rápidamente encontrás el libro que buscás.

Hacé este ejercicio: buscá un papel grande, dibujá tres corazones concéntricos, uno dentro de otro. Ahora anotá dentro del corazón más pequeño los hechos y personas más íntimos, esos sentimientos que atesorás, virtudes propias, valores y creencias que rigen tus actos, tus convicciones, lo que recordarás de por vida, bueno o malo, te moleste o te alegre.

En el segundo corazón están las cosas menos importantes. Son necesarias, pero a la vez son reemplazables. Cosas materiales o personas no tan cercanas.

En el tercer círculo está lo de menor valor. Si se pierde es penoso, pero no te cambia la vida radicalmente, es mínimo. Todo lo demás quedará fuera de ese tercer corazón, en el universo de temas, cosas y personas que existen, pero no tienen una influencia significativa en tu vida.

Ahora imagina una puertita de entrada y otra de salida a cada corazón. ¿Hay cosas o personas que deberían estar más cerca, más lejos o dentro del corazón central? Si César hubiese alejado del centro de su corazón las obsesiones por su trabajo hubiese podido ver las cosas de otro modo. Si hubiese acercado su amor propio al corazón más íntimo hubiese alejado su fracaso y su baja autoestima.

Alejá y acercá según te haga mal o bien. Tratá de ser objetivo, escuchá tu conciencia, reconocé lo que te perjudica y planeá como pasarlo al lugar que corresponda. Progresivamente, no de golpe para que no te duela ni hieras a nadie. Pedí la ayuda de Dios que es quien más conoce tu corazón y sabe de tus sentimientos, amores e injusticias. Entregale tu carga, planteale tu problema. Dios está cerca, a una oración de distancia.

> *"Porque donde esté vuestro tesoro, allí también estará vuestro corazón."*
>
> *Lucas 12:34*

Capítulo 16

DROGAS

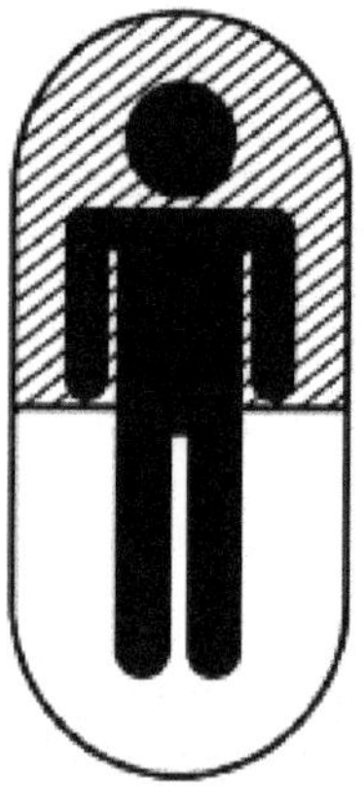

Luego de muchas dudas y llantos de Mariela en varios llamados telefónicos, al fin apareció en mi consultorio. Era un día típico de primavera: con un clima ideal para pasear por la plaza con los niños. Mariela traía a su bebe de tres meses en su carrito, con todas las precauciones. Ella tenía un sombrero de playa y anteojos de sol negros que le cubrían más de un tercio de la cara. Llegó al consultorio con su pequeña figura, de baja estatura, una remera y jean, cara de miedo y necesidad. Me saludó con voz temblorosa. Se excusó por venir con su bebé, pero quería aprovechar a sacarlo a disfrutar del lindo día. Además, no tenía a nadie que pudiera cuidarlo.

Llegó cansada, casi cuarenta cuadras la separaban de su casa. En realidad, de la casa de su mamá porque por aquellos días vivía ahí. Pasó al consultorio, acomodó a su bebé en el carrito sacándole la mantita de encima. Corroboró que estuviera tranquilo y me aseguró que no molestaría en la sesión.

Con comodidad se dedicó a relatar su historia. A sus 26 años calculé que su narración no sería muy larga, sin embargo, estuvo más de treinta minutos, a veces llorando y otras con cara de resignación, describiendo sus pesares. Era muy completa en su relato, detallista, no necesitaba preguntarle casi nada. Escuchaba con atención la historia hasta que hizo un silencio. Miró a Thiago en su carrito, me miró a los ojos y con voz quebrada, la pequeña gran mujer lanzó finalmente la pregunta: ¿Qué hago?

Pablo había sido su novio de la adolescencia, su único amor, se conocían del barrio, de la escuela, siempre fueron amigos y novios. Ella sabía que él siempre se drogó aunque confiaba que un día dejaría de hacerlo. Se ilusionaba en ser su salvadora. Luego de sus insistencias y con promesas mutuas de todo tipo, se fue a una granja y se mantuvo rehabilitado por dos años. En ese tiempo se casaron y tuvieron a Thiago. Trabajaban y progresaban económicamente hasta que volvieron al barrio y Pablo se encontró con sus amigos de la adolescencia y su *dealer*, a quien siempre consideró su amigo porque le "fiaba cuando nadie quería hacerlo". Pablo aseguraba que era un buen tipo y los muchachos del barrio lo querían.

Pablo empezó a consumir otra vez. Las cosas se complicaron porque ahora la familia de ella tenía mucho más peso. Aparecieron los turnos para cuidar al bebé, la falta de dinero para las cosas mínimas, entre otros problemas. Con mucho pesar, Mariela y Thiago se fueron a vivir a la casa de su mamá. Pablo se desesperó. Todo se le iba de las manos. Perdió su trabajo y volvió a la casa del padre.

Conocí a Pablo. La droga desarma todo. Interrumpe los planes propuestos, quiebra promesas, quema cabezas, promete y no cumple. Quería salvar a sus dos amores de su propia locura, por eso sabía que era mejor que estén lejos de él. Los extrañaba, lloraba mucho. También lanzó la pregunta: "¿Qué hago?"

Preguntar esto es admitir que no hay salida, que se necesita ayuda. La respuesta es muy compleja. Pablo siempre admitió que volver al barrio de su infancia fue lo peor. Había "conocido" a Dios en la granja de rehabilitación y aunque eran muy rigurosos, todo era más fácil porque allí no había amigos adictos, *dealers*, droga ni plata. "Afuera es complicado. No sé qué hacer", decía mirándome a los ojos atravesando sus lágrimas. Aun así no podía verlo sincero ni dispuesto al esfuerzo que implica dejar la adicción. Evalué si mi pensamiento era acertado o si se trataba de mis propios prejuicios y mi aversión hacia los efectos de la droga en los jóvenes.

Tuve sesiones separadas con cada uno y también de pareja. Con sus jóvenes 27 años, Pablo ya había probado todo: el fracaso personal producto de la variabilidad en su carácter, la desilusión provocada por su amigos y por su poca voluntad para ganarle a la droga. La calle que lo hizo robar y la granja con disciplina rígida y protectora no eran para toda la vida. Pablo no confiaba en que podría salir de esta situación. Pedía ayuda a todos, pero aun así no confiaba en sí mismo. Admiraba a su suegro, a su esposa, a sus cuñados, a sus pastores. Él nunca llegaría a ser como ellos. Cuando estaba limpio de droga se sentía muy feliz, con una actitud ganadora. Ese era el momento en que pensaba que nunca más volvería a fallar. Pero pronto caía otra vez en la desilusión.

Mariela seguía a su marido en todo, siempre aceptaba todo lo que le decía. Ella era la única que confiaba en él. El amor por Pablo y el espanto de quedarse sola a vivir con un bebé en la casa de sus padres la desesperaban a tal punto que hubiese querido tener más valentía, pero no podía. Su sujeción y hasta el sometimiento a esta cruel e irremediable situación la trajeron hasta mi consultorio. Decía que solo venía por Pablo pero luego creyó que venía por Thiago. Al final, vino por ella misma.

Sorprendentemente Pablo consiguió un muy buen trabajo e hizo un mes de buena letra. Mariela se ilusionaba haciendo planes porque creía que todo ya había cambiado. Yo no era tan crédula. Con plata en el bolsillo, Pablo en tres meses estuvo a punto que lo despidieran. Volvieron desesperados. Pablo empezó un tratamiento ambulatorio que incluía condiciones, límites, control de gastos y responsabilidades. Entre muchos cambios, vivir lejos del barrio de la infancia fue un acierto.

Acordamos seis meses de tratamiento intensivo para Pablo, solo trabajar y sesiones. Luego fuimos espaciando las entrevistas con un ajustado trabajo de pareja y deberes a cumplir con Thiago, que ya iba a una guardería. Solos los tres, sin nadie que hiciera nada más por ellos. Sin *dealer*, sin amigos, sin pedir favores a nadie. Dependiendo sólo de Dios.

Conociendo que Pablo tenía un perfil abandónico y que pronto creía estar "curado", mi único requisito era que no podían faltar a las sesiones. Faltar a una sesión era la despedida de la relación terapéutica. Las tareas cognitivas implicaban un compromiso que les recordaba cada día que estaban en tratamiento. Debían leer juntos devocionales y oraciones que yo les daba para siete días. Debían hacer informes de sus trabajos y tareas entre ellos, en la casa y con Thiago. Pasaron cinco años de una nueva vida. La alegría de Mariela ahora es contagiosa.

Trabajé por más de diez años en el Programa Vida, principalmente enseñando en el curso de Operador Socio Terapeuta Espiritual y conozco sobre los temas de la familia del adicto y los métodos de recuperación, por eso usé de la psicología cristiana en forma directiva y cognitiva.

No todas las escuelas psicológicas pueden aplicarse a todos. Soy una convencida que un terapeuta cristiano debe conocer la Biblia y al menos los métodos de tratamiento más comunes: positivo, transpersonal, cognitivo, conductual, enfocado en la persona, psicoanalítico, sistémico y en especial la psicología basada en la Biblia, cristiana y pastoral.

Muchos quieren ayudar a amigos o familiares que se involucraron con las drogas. En clases y charlas enseño que no se puede auxiliar en cualquier momento por más cariño que uno quiera aplicar.

Hace unos años hice una investigación para una universidad privada. La consigna era saber qué personas ayudaron mejor a adictos que se recuperaron y cuando lo hicieron. En general, todos hablaban de muchos intentos frustrados hasta que reconocían que la ayuda de una persona en especial los había ayudado.

Las conclusiones de mi investigación de casi dos años sobre 150 casos, son que quien mejor ayuda no es un psiquiatra ni un familiar ni un pastor; los exadictos reconocían que la persona que los ayudó efectivamente era quien los acompañaba de cerca y con ciertas condiciones. Alguien que mostraba su vida como ejemplo de vivir feliz, en familia, de trabajar, de luchar pero que ponía límites a la relación, los horarios, el compromiso, la responsabilidad, la verdad.

La otra cuestión es cuál es el mejor momento para ayudar. Existen varias maneras de analizar los ciclos en la vida de un adicto. La adicción tiene diferentes estadios. Hay un tiempo donde desaparece, se ausenta en cuerpo y alma, la droga lo consume. Le consume el tiempo, no tiene noche o día. El dinero, no tiene ni para comer. Las buenas relaciones, pierde su familia y los amigos son ahora los otros adictos. Le consume la personalidad, pierde la identidad. Su dinero y su trabajo se hacen humo. Pero esto tiene sus fluctuaciones: hay un tiempo donde se produce una meseta. No se puede ayudar cuando el adicto está en caída libre. Hay que esperar y observar hasta que llegue la meseta, a veces es cuando toca fondo.

Un bañero me contó cómo rescata del mar a alguien que se está ahogando. Le llega el aviso, la urgencia. El rescatista se lanza al mar y nada hasta acercarse a una distancia óptima del necesitado, pero para la mirada nerviosa de los que quedan en la orilla y de la desesperación de quien se ahoga, el bañero se queda cerca pero no se involucra. Recién cuando quien patalea se calma, se rinde, puede ser rescatado. Allí el experimentado bañero lo toma, lo anima, lo lleva a salvo hasta la playa. El bañero sabe que corre el riesgo que quien se está ahogando lo puede arrastrar y hundir sin querer, producto de su desesperación. Así es también con el adicto: estar cerca, observar, esperar el momento y ser eficiente en la ayuda, estar preparado. Pedir a Dios la inteligencia para detectar el mejor momento y estar listo con los recursos necesarios. Sin prisa y sin pausa, con fe y paciencia. El círculo vicioso (del vicio) es:

1. No sé si debería hacerlo (fumar, tomar, aspirar, inyectar)
2. Lo hago (el primero de tantas veces)
3. Me siento mal, sé que no debía hacerlo, sé que me hace muy mal
4. No voy a hacerlo más, es la última vez, yo puedo dejarlo

En la fase 3 y antes que diga que solo podrá hacerlo (fase 4), es el mejor momento de ofrecer ayuda. Ayudar es bueno, saber ayudar es muy bueno, ayudar oportunamente es inteligente.

Capítulo 17

SECRETOS DE FAMILIA

Atendí a esta señora una sola vez. De tez clara, pelo blanco, obesa. Tenía casi ochenta años y una mirada triste. María Eva era viuda hacía más de cuarenta años. Su andar era cansino y lento; su voz, muy dulce; su calzado, muy gastado y su bastón, muy viejo. La recibí con una sonrisa y ella respondió igual, dijo que estaba muy contenta de haber podido llegar. Yo no sabía quién era cuando hablamos por teléfono. Solo mencionó una reunión de hacía dos meses en su iglesia a la que fui invitada para disertar y que le había pedido mi teléfono a su pastora. Al verla, recordé su presencia en el evento.

Conocí a María Eva en un encuentro de mujeres en una pequeña iglesia de la Provincia de Buenos Aires. En general no recuerdo a todas las personas que vienen a alguna conferencia o algún curso. Entre alumnos universitarios, grupos de autoayuda y los ministerios de las iglesias en los que me invitan para exponer son muchas las personas que conozco cada mes. María Eva había quedado en mi mente. No sabía su nombre, pero era la mujer de pelo extremadamente blanco y brillante que me miraba con tanta atención que parecía una estatua. No la había visto moverse y parecía que nunca había pestañado mientras yo hablaba. Tampoco se rio como todos cuando dije algo gracioso para amenizar. Nunca supe si ella estaba movilizada por lo que yo decía o solo estaba petrificada porque no entendía nada. No recuerdo si nos saludamos al final.

La invité a sentarse y para iniciar una conversación le pregunté si había viajado bien. No respondió, me miró, esperé la pausa que parecía necesitar. Miró hacia el suelo y dijo: "Nunca le dije a nadie esto". En otros casos hubiera agradecido la confianza, pero guardé silencio. Extremo silencio. Levantó su vista y me dijo lentamente, marcando cada palabra: "Tengo que contar este secreto a alguien antes de morir". A pesar de no expresar ninguna reacción ni siquiera en mi gestualidad por adentro supe que se venía una seria confesión. Al menos parecía que diría algo muy íntimo, personal, quizá trágico. Me sorprendí y dudaba sobre si yo tenía que tener miedo a lo que dijera.

Lo grandioso es que me eligió a mí que prácticamente no me conocía. Comenzó un largo relato de su juventud. En aquellos años vivía en el campo, se casó con un peón de una estancia. Vinieron a probar suerte a la Capital. Su esposo encontró un trabajo de viajante para una sastrería. Eran felices.

Con veintitrés años ella limpiaba la casa de una familia importante, pudientes económicamente, de renombre. El jefe de la familia un día la violó. Con un desconocimiento total sobre qué hacer, con quien hablar y sola en la ciudad prefirió callar. Ella tenía que seguir trabajando y así lo hizo, tragándose el dolor y la humillación.

Recién al tercer mes dedujo que estaba embarazada y fue a un hospital con toda la vergüenza del mundo sobre sus hombros. Confirmado. La maternidad pasó a ser el único tema que ocupaba su cabeza. No sabía de quien sería hijo ese bebe por nacer. No era época de ecografías ni siquiera visitas al obstetra para mujeres en su pobre condición. No se le hubiera ni ocurrido practicarse un aborto.

María Eva no tenía amigas. Todos los días iba a trabajar. Inclusive los sábados y los domingos, cuando su esposo estaba de viaje, que era casi siempre. Hubiese querido decirle a su esposo de su embarazo, pero al quinto mes él llegó muy enfermo de su viaje y tuvieron que internarlo. Ella se repartía entre trabajar y cuidarlo en el hospital. Le llevaba a veces algo de comer, aunque él casi no podía alimentarse más que por una sonda. Nunca supo bien que había tenido, ella no se animaba a preguntarle a ningún médico y solo obedecía a alguna enfermera si le mandaba a comprar algo.

En su trabajo la querían mucho porque era calladita, trabajadora y obediente. El servicio de la casa tenía otras dos sirvientas cama adentro y un mayordomo quienes la cubrían mientras ella tenía que faltar. Nunca le dijo a nadie de su embarazo, menos a su familia en el campo con quienes se escribía dos o tres veces al año. Ella rompió bolsa en el hospital, allí nació su hijito. Le puso el nombre de un santo protector de los niños: Nicolás. Como un presagio de su futuro.

Estaba en shock. Salió sola con el bebé en una sabanita que le dio el hospital. Enloquecida, mareada y como un autómata empezó a caminar, aunque le dolía "mucho ahí abajo". No sabía qué hora era cuando salió del hospital. Había sol y empezó a andar sin parar hasta entrada la noche. "Estaba muy oscuro y yo caminaba en un campo solitario con pastos altos", dijo con la mirada fija y perdida en su relato. "Cuando el bebe lloraba, le daba la teta casi sin parar de caminar". No iba a ningún lado, pero ya estaba cansada de caminar y sangraba bastante. Tuve hambre y sueño y puse al bebe en una camita de pasto, "lo dejé y me fui a mi casa". Dormí tanto que no sé cuánto tiempo pasó. Nunca nadie supo que yo tuve un hijo, nunca supe si vivió o murió. Volví a la casa de mis patrones a trabajar y un día mi esposo falleció.

Habló más de 30 minutos seguidos, con pausas e interminables silencios de autoreflexión. "Hoy soy grande, antes qué sabía". Se justificaba, a veces se condenaba. Suspiré un poco fuerte para tomarme un respiro, ella reaccionó y me miró aliviada pero inquieta, como esperando que le dijera algo.

Había contado por primera vez su historia. ¿Por qué a mí? Es que mi charla en la iglesia rondaba por las heridas del pasado. Hablé de la culpa, los errores cometidos, la esperanza en Dios que sana todas nuestras dolencias, el perdón de Dios y el autoperdón.

Solo esperaba que mi corazón se aquietara un poco para poder hablar. No suelen faltarme palabras, pero buscaba el mejor tono; claro y lento. Mi mente se llenó de compasión. Habían pasado más de cuarenta años. Estos son los casos donde la respuesta viene de la psicología cristiana y van directo hacia la confianza en Dios. María Eva se refugió en el amor de Dios y estuvo a salvo. Le ofrecí orar por ella y aceptó. Luego de mi "amén" final, su suspiro fue tan profundo y liberador que se dibujó una sonrisa en sus labios.

Pasó casi una hora y yo deseaba darle más tiempo, para su tranquilidad. Guardé silencio. María Eva traía hasta la conclusión de esa única sesión, única en todos los sentidos, incomparable e irrepetible. No vi a María Eva nunca más. Dijo mirándome a los ojos y estrechando suavemente mi mano: "Ahora tengo la paz que necesito para poder morir cuando Dios quiera, ya estoy preparada". Al instante puso su otra mano sobre la mía y agradecida me besó.

El perdón lo aprendí de muy jovencita cuando un pastor desde el púlpito enseñó con la mano como apuntando con un arma explicó que mientras el índice apunta a perdonar a otros, el pulgar apunta a perdonar a Dios, pero los otros tres dedos apuntan a perdonarme a mí misma. Nunca me resultó difícil excusar o perdonar a otros, pero perdonar a Dios por cosas que tuve que vivir y circunstancias inesperadas me costó mucho más. ¿Acaso Dios necesita que yo lo perdone? NO. Es que yo culpo a Dios de mis propios males pensando que El me perjudicó, que decidió mal sobre mi vida. Al mirar para atrás reconocemos que la vida no ha sido todo lo que planeamos y pensamos que Dios se equivocó. Por eso creo que me hace bien reconciliarme con Dios.

Pero, el perdón más difícil es el autoperdón. Reaccionamos mal, decidimos mal, nos equivocamos. Por eso uno de mis versículos favoritos es: "Todos cometemos muchos errores; ahora bien, si alguien no comete ningún error en lo que dice, es un hombre perfecto, también puede controlar todo su cuerpo" (Santiago 3:2). Perdonarse no es fácil y a veces es imposible reparar el error. María Eva ya no podía reparar su error. No le servían las excusas ni los lamentos. Casi al final de sus días tenía una sola manera de resolver su situación: sacarse esa pesada mochila y dejarle a Dios la resolución del conflicto interior. Se dice que hay cosas que no vuelven, yo encontré algunas:

1. La palabra. Si es palabra ya se dijo en forma verbal o escrita, de lo contrario sería un pensamiento, fantasía o intención.
2. El tiempo. Nunca para, no se detiene, pasa.
3. La oportunidad. Hay ocasiones que son únicas.

A María Eva se le pasó el tiempo, el hijo abandonado, la oportunidad de enmendar, pero la Palabra y el Amor de Dios, salvó su corazón.

Capítulo 18

DE COMÚN ACUERDO

Eran una linda pareja, de esas que tienen amigos en común, dos hijos bien educados, actividades especiales, familias cercanas. Esas que preparan cumpleaños, que se divierten en las fiestas, que se disfrazan de Papá Noel en navidad. Ambos trabajan, sus pares los consideran buenos compañeros, hace años que están en diferentes empresas porque son buenos empleados. Son solidarios, creyentes.

Ella es profesora de educación física, creativa, alegre. Siempre está bien arreglada. Es de esas mujeres que, aunque lleven puesto unos trapos se verán bien. Con el cabello largo, un poco enrulado, el que se ata de mil formas y siempre le queda elegante. Le encanta salir de día de campo los fines de semana.

Él tiene buen porte, es delgado, simple y con una sonrisa dibujada en la cara. Es un buen padre, lleva a los chicos a la escuela, les ayudaba con los deberes cuando eran chicos, a veces amasa pizza. Le encanta salir a comer en familia, va a trabajar en moto al centro porque le queda más cómodo y llega más rápido; por eso no tienen auto.

Ricardo y Gina son el típico matrimonio de mediana edad que uno puede ver en las iglesias casi todos los domingos, si no salen en familia.

Aparecieron juntos en mi consultorio derivados por su pastor con quien se entrevistaron hacía un mes. El tema era que querían divorciarse de común acuerdo. ¿Qué puede hacer un terapeuta cristiano en estos casos? Supongo que su pastor ya habría intentado todo o al menos hacerlos reflexionar. Ambos decían que era lo mejor, que los chicos eran chicos y que no lo iban a sufrir porque se acostumbran rápido a los cambios y que tienen amiguitos con padres separados. Parecía un paquete ya armado que contaba hasta con días de visita pensados, cuota alimentaria prefijada, viviendas asignadas y distancias pensadas. No había mucho para hacer, pero aquí estaban por algo. No creo que esperaran mi bendición.

Mi primera pregunta frente a este panorama que me describieron era para qué vinieron. Se miraron entre ellos desconcertados y al unísono se preguntaron mutuamente: "¿Para qué vinimos?" No pude dejar de sonreír. Me miraron y se rieron ellos también solo por un segundo. Pronto adoptaron otra vez una postura adusta y me miraron fijamente. Pero no respondieron mi pregunta.

Entonces, ¿cómo abordar esta sesión? Debía suponer que venían a ratificar su deseo de divorciarse. O estaban, quizá sin darse cuenta, tomando el último vagón del último tren que salvara su matrimonio. Frente a una pareja que no puede definir porque pagará una consulta con un profesional que no conocen pero que querían que sea cristiano, esta fue la opción que tomé y me puse en el papel de guarda de la estación donde paró ese tren.

Haciendo un rápido cálculo mental pensé: van a la iglesia porque creen en Dios, saben que es bueno para sus hijos y por eso los llevan frecuentemente, le consultaron al pastor por este problema, obedecen su sugerencia porque lo respetan y creen que si él los manda a mi consultorio será bueno para ellos. Pero yo me pregunto: ¿qué será lo que ellos creen que es bueno para ellos mismos?

Recorrimos sus vidas desde cómo se conocieron hasta qué los lleva hoy a querer divorciarse. En estos casos siempre aclaro que fueron ellos frente al altar quienes prometieron (y juraron) voluntariamente a Dios y ante las familias estar juntos toda la vida, en las buenas y en las malas. Esta es una mala. Algo salió mal, uno se equivocó o quizá los dos. Como sea.

Es el primer desacuerdo o quizá fueron muchos. Tuvieron hijos y los quieren educar bien, la decisión que tomen como pareja y como padres los educará más que quince años de escuela y cinco de universidad. Lo que decidan como matrimonio enseñará a sus hijos para toda la vida en qué hacer cuando hay problemas. Ellos aprenderán si los conflictos se resuelven con trabajo arduo y un perseverante tesón o si el abandono y la desunión es la mejor solución. Cada uno en la pareja debía decidir si arrancaba una terapia conmigo, pero si uno quiere seguir, el otro debía acompañar y entonces los ayudaría. Sus cabezas asintieron. Terminó la primera sesión y prometieron venir juntos la siguiente semana.

Los despedí, sonrieron, cerré la puerta e hice esta oración: "Señor, esta fue una; la primera batalla ganada. Pero la guerra contra el desacuerdo sigue. Encomiendo a Ricardo y Gina a la voluntad de Dios. También encomiendo mi vida al transitar esta aventura terapéutica".

En la segunda sesión estaban diferentes, seguían asegurando que querían divorciarse, pero todavía no podían definir el porqué. Pedí que repasáramos juntos lo que yo creía que eran los cuatro pilares de la pareja. Como las patas de una mesa.

1. **Comunicación:** los veía bien comunicados y querían hacer todo de "común acuerdo". Ellos reconocían que todo lo hablaban y discutían hasta llegar a una decisión. Hablé de infidelidad, pero ambos rotundamente lo negaron y citaban la Biblia y aseguraban su mutuo amor. Indagué sobre la violencia intrafamiliar en algunos de sus tipos y quedó descartado totalmente.
2. **Finanzas:** económicamente no tenían problemas, ambos trabajaban y podían mandar a sus hijos a una escuela privada, con celulares, ir de vacaciones.
3. **Hijos:** consideraban que sus hijos tenían una buena educación y crianza tanto en casa como en la escuela y en la iglesia. Conocían a los amigos de sus hijos, eran chicos buenos y obedientes. Hablamos de los proyectos y los sueños.
4. **Sexo:** al abrir el tema se miraron con sonrisas cómplices y socarronas. Confesaron, como si fuera una aventura, que al salir de la sesión anterior volvieron a tener sexo después de más de dos meses.

Sonreí por mi acierto pero solo en mi mente. Por ahí comenzaría el tratamiento, en psicoeducación sexual. Una de mis especialidades es la consulta en sexualidad y cada vez más compruebo la necesidad de que se enseñe a las parejas en las iglesias sobre sexo. No solo a los jóvenes, en prevención de una sexualidad mal utilizada sino a las parejas formadas, a veces hace muchos años.

Que sean creyentes o que estén casados hace años no los convierte en expertos en sexualidad. La ignorancia en temas de intimidad, en las parejas y más en los solos, a veces es atroz en las iglesias.

Repasando estos ítems, empezamos un trabajo de conciliación de opiniones, y no digo reconciliación porque creo que nunca estuvieron enemistados, ni siquiera peleados.

Las parejas que triunfan siempre se retroalimentan del amor. Se comprometieron a firmar un contrato por escrito, una práctica que suelo hacer. Redacté un convenio básico con dos copias iguales que cada uno tenía que leer en soledad, hacer los cambios que creyeran necesarios o agregar las cláusulas convenientes, los cité a los quince días. Las sugerencias para es dos semanas de trabajo eran ser una pareja como al principio, simulando que nada malo pasa, no mencionando ningún reclamo ni punto del contrato, teniendo relaciones y salidas y tomando responsabilidad por todos los quehaceres de la casa y de la familia. Un tiempo de *impasse*.

Volvieron con sus contratos con agregados y notas al margen, inmediatamente los guardé, no los leí en ese momento. Me enfoqué en saber cómo se relacionaron en esos quince días. Dedicamos el resto de la sesión a repasar una lista de temas que debíamos combatir sin pérdida de tiempo en la pareja. Propuse que sigan juntos hasta derribar estos puntos y definir bien la separación.

La pérdida de atracción y de deseo es la primera causa de consulta sexológica. Es que en las fases de una relación sexual el deseo es el primer escalón. Luego siguen la excitación, la meseta, el orgasmo y la resolución. Pero como es un orden correlativo, si la falla está en el deseo no se puede seguir avanzando. Es allí cuando la pareja se frustra, cuando pueden aparecer trastornos psicológicos sexuales. Es por eso que sugiero incluir una fase previa al deseo. El redescubrir la atracción de la pareja que elegiste alguna vez. Evocar el primer momento romántico de la pareja.

Descubrir la potencia que genera una pareja en un mismo sentir. Si los dos coinciden en esta búsqueda y desarrollo se desata el poder implícito de la unión.

Cuando Ricardo y Gina aprendieron acerca del descenso de la energía sensual, del retraimiento del deseo o hasta la falta de deseo, propuse que cada uno repensara al estar separados como combatir la pérdida de atracción. En general, en esta etapa, se inicia la búsqueda de nuevas parejas sexuales, pero pactaron que entre ellos podían tener intimidad porque eran aún un matrimonio y se debían fidelidad. Parte del tratamiento era encontrar nuevas formas de atracción entre ellos.

Les expliqué que las parejas suelen acusar problemas al momento de la sensualidad y ellos debían combatir algunos de estos temas:

a. El aspecto físico propio o del otro
b. Cosas externas, tensión. A veces de la pareja, los hijos, las tareas, los familiares, la economía, la casa
c. Que mientras la actitud masculina parece más lenta o despreocupada, la actitud femenina actúa en segundos. Ambos necesitan del otro para que se encienda su ego: la atracción puede cambiar en segundos una situación o manera de pensar. Esto es hormono-neuronal
d. El uso y la práctica de la sensualidad es algo que muchas veces no se sabe controlar. Hicieron prácticas de sensualidad visual, auditiva, olfatoria y postural para lograrlo
e. Las emociones negativas, los nervios y la irritabilidad producen una resistencia inicial (lo que dijo, lo que hizo, que antes no eran importantes y ahora sí) que, si no se soluciona, crea un resentimiento al que vuelve vez tras vez. Esto produce anclas profundas. Se debe levantar esas anclas.

Por ejemplo: siempre cuenta lo mismo, siempre llega tarde. Estas son hechos que golpean tus emociones. Sentís que eso que hizo te pesa y cansa y no resolvés nada al respecto. Entonces se acumula, pero resistís y eso crece si no se afronta

Para ese entonces las palabras separación o divorcio ya habían desaparecido. La siguiente semana volvimos a leer los contratos reformados para decidir la firma y ambos prefirieron esperar un tiempo. Aprendieron tanto sobre ellos y sus conductas que se descubrieron como una nueva pareja en la misma habitación. Fueron haciendo cambios en la intimidad que incluyeron orar juntos diariamente y en forma muy breve uno por otro, solo bendecirse mutuamente. Un nuevo acuerdo estaba en marcha.

Cuando reconocemos que quien me acompaña es un regalo de Dios entendemos el versículo de Eclesiastés 4:12 que dice: "Alguien que está solo puede ser atacado y vencido, pero si son dos, se ponen de espalda con espalda y vencen; mejor todavía si son tres, porque una cuerda triple no se corta fácilmente." Una pareja que acuerda encomendarse a Dios podrá superar mejor la adversidad.

Capítulo 19

SER O NO SER

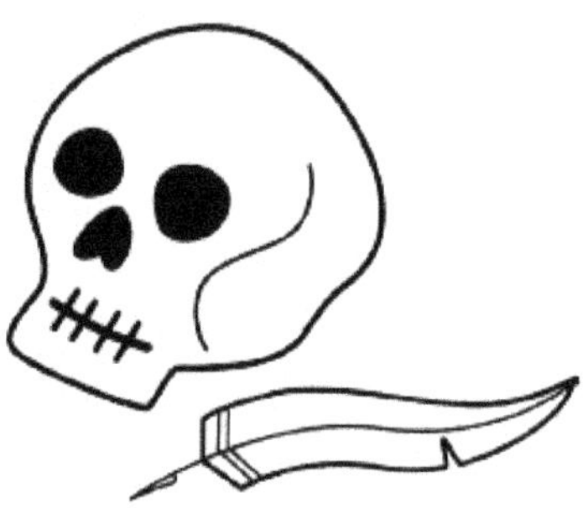

Conocí a un joven de 20 años. Alto, morocho, delgado, con un andar atractivo, de aspecto maduro. De pelo muy corto casi rapado, llevaba ropa alineada y prolija. Ojos negros, largas pestañas. Se presentó serio, como haciéndose el interesante, queriendo cautivar con su mirada.

A poco de conversar me dijo que pensaba en salvar al mundo. Él estaba seguro que sería quien salvaría al mundo. Me interesó saber cómo procede alguien que tiene un objetivo tan grande. También me intrigaba de qué quería salvarlo. Empezó a hablar de la salud de la población. Se expresaba con palabras casi técnicas y no me sorprendió porque ya sabía que su papá era médico. Dijo que sería médico y que iría por el mundo sanado y vacunando niños.

Luis, así se llamaba el joven, vivía con su mamá y sus cinco hermanos. Su papá de soltero estudiaba medicina y se recibió años después de casarse. Había abandonado a su familia poco tiempo después de recibirse de médico pediatra, cuando sus cinco hijos eran muy pequeños. La mamá de Luis era una mujer esforzada, creyente y muy trabajadora que apenas sabía escribir, pero había montado un taller con costureras para mantener la casa y que su esposo pudiera seguir estudiando. Para cuando Luis llegó a mi consultorio, ella se aferraba a la iglesia y a su pastor, pero sus hijos ya no la acompañaban.

Luis era el tercero de los hermanos. La situación económica los llevó a vivir en una zona alejada en el conurbano bonaerense. Varias veces en los relatos hablaba de los vecinos, del barrio, pero nunca decía que tenía amigos. Había tenido una novia a la que quiso mucho, pero la dejó y no podía precisar porqué. Esa era la primera contradicción, pero en un adolescente no es raro. La segunda era que abandonó la escuela secundaria en segundo año, a los quince porque era repetidor. Esa contradicción era certera, no podría por este camino ser médico para salvar a los niños del mundo.

Cada semana Luis tejía historias inconclusas. Retomamos el tema de la novia cuando la comparó con una famosa actriz y vedette. "Mi novia era la mejor y la más linda pero ya no voy a tener novia nunca más", dijo. No era de su barrio y no quería llevarla allá. "Nunca la llevé porque está ese tipo, el vecino", afirmó triste. Su cara cambió de pronto; bajó la mirada, sus ojos soltaron una lágrima gorda que parecía contenida desde hace mucho tiempo.

Con ocho años y con la excusa de darle un juguete el vecino llevó a Luis a la casa, en el taller, y lo violó. Bajo amenaza de contárselo a su mamá repetía esta operación varias veces por semana. Luis pudo liberarse recién cuando el vecino buscó a otro chico del barrio. Me contó que antes que a él había "agarrado" a su hermano mayor. Se percató porque siempre traía juguetes nuevos a la pieza, los rompía y los tiraba, pero nunca hablaron de eso porque el hermano "se volvió loco". Conocí a su hermano mayor había sido diagnosticado con esquizofrenia y era muy violento, pero muy inteligente, con una memoria prodigiosa y gran cultura general porque leía mucho, aunque también abandonó la escuela.

Luis había empezado a trabajar en una fábrica. Volvía tarde y trataba de no pasar por la esquina donde estaban unos muchachos tomando cerveza. Siempre que lo veían lo insultaban y humillaban a los gritos.

Luis había armado su propia historia. Una vez escuchó que los homosexuales habían sido violados de niños. Su novia de la preadolescencia ya no quiso volver con él. Había dos caminos para Luis: volverse loco como su hermano o hacerse homosexual. Con toda certeza se consideraba homosexual. Era lo único de lo que no dudaba. Necesitaba aferrarse a esa nueva identidad para salvarse, para no pensar más en sus fracasos.

Ahora todo encajaba. "Soy homosexual porque mi papá me abandonó, porque mi hermano es esquizofrénico, porque mi novia no quiere verme más, porque en la fábrica me dicen que soy muy delicado y tengo manos de mantequita, porque me violaron, pero sobre todo porque los que me conocen de chico me dicen puto", contaba.

Un largo camino se iniciaba luego de esa primera y gorda lágrima. Trabajar con los deseos, la identidad, la autoestima, las heridas y tantas certezas que Luis fue derribando. Era muy valiente, quería cambiar su forma de pensar, era un luchador. Al fin, Luis salvaría al mundo si podía salvarse primero de sus presiones internas y externas.

Cuando la mamá me consultaba, siempre le recomendaba orar por Luis. Tuve que felicitarla por la decisión de seguir sola con su familia. Ayudó a que su marido fuera un profesional apoyándolo en sus noches de estudio, sus prácticas, sus exámenes, su residencia, su especialización. Ella se convirtió en tallerista con más de doce horas frente la máquina por centavos. Mantenía la casa, atendía a sus hijos y un día descubrió que el doctor estaba formando una familia paralela con una enfermera y dejando un hogar desbaratado. Reconocía que la iglesia a la que siempre concurrió era su gran refugio pero que los hijos crecieron y no podía resolver los problemas graves de los dos mayores.

Muchas marcas no se borran, permanecen. Un texto de la Biblia me cautiva. La historia de Job es fascinante y en una parte (Job 11:13-16) uno de los amigos de Job, llamado Zofar, asegura que si disponés tu corazón y te aferrás de Dios, si tu vida es recta y te proponés levantarte fuerte, entonces olvidarás tus miserias o en el peor de los casos te acordarás de esos sucesos miserables como aguas que pasaron. Tomados de la mano de Dios el pasado pasó, hoy todo puede ser hecho nuevo.

Esta lectura siempre me recuerda a las acequias que había en el fondo de los viñedos en los campos de mis tíos en la provincia de San Juan. El agua necesitaba un surco para circular y regar los arbolitos. Esa agua corriendo había dejado para siempre una herida abierta en la tierra, pero el agua que pasaba por allí era siempre nueva, fresca, necesaria, imprescindible. Creo que así son nuestros pensamientos negativos cuando nos proponemos dejarlos de lado con la ayuda de Dios. Nuestros recuerdos más negros difícilmente se olvidan, pero pueden recordarse como algo de un pasado que ya no molesta.

En poco tiempo de terapia, Luis me dijo que volvería a ir a bailar, algo que hacía cuando tenía novia. Empezó a salir con una chica, una nueva amiga. Luis dijo que ser homosexual es una elección pero que prefería ser feliz con una mujer.

Luis conocía la Biblia, hasta hacía pocos años había ido cada semana a la iglesia. Por eso entiendo que las actividades de niños y adolescentes en las iglesias tienen que enseñar, jugar y orar, pero también tienen que ministrar en sanidad interior a los pequeños. Luis sufría desde los ocho, pero nadie en la iglesia lo ayudó. Entonces en una sesión abrí la Biblia y leí Isaías 43, y hablamos de la identidad.

El Señor que te creó te dice:

"No temas, que yo te he libertado; yo te llamé por tu nombre, tú eres mío. Si tienes que pasar por el agua, yo estaré contigo, si tienes que cruzar ríos, no te ahogarás;

si tienes que pasar por el fuego, no te quemarás, las llamas no arderán en ti.

Pues yo soy tu Señor, tu salvador, el Dios Santo de Israel.

Yo te he adquirido; he dado como precio de rescate."

¿Cuál será el camino a seguir? En Cristo no importa el principio, tu origen, sino como terminará tu vida ¿Cómo encaminarás tu vida en Dios? Con Luis repasamos historias de personajes bíblicos, los recordaba muy bien.

Jacob significa "el que reemplaza", como un impostor, alguien falso pero que fue cambiado a Israel que significa "el que persevera", el que lucha por lo que quiere. Esa es la historia de Luis, una identidad Dios cambió.

Hablamos de Daniel ("Dios es mi juez, mi justicia"). En Babilonia le cambian el nombre para tener poder sobre él e intentan modificarlo en todo aspecto, pero Daniel no se contamina.

Le di a Luis la tarea de buscar el origen de su nombre y vino feliz de saber que significa "iluminado", "ilustre". También supo que en su bautismo el padre le eligió otro nombre: Ludovico, pero que tiene el mismo significado. Hablamos de su papá y de cómo lo desilusionó, lo desamparó. Cuando quiso odiarlo, no pudo.

Le conté que los armenios llevan el apellido de su oficio, más el "ian" que significa "hijo del que hace tal oficio", esto identifica a un pueblo con la veneración por su trabajo. "Ahora vos sos un iluminado, ¿en qué quisieras ser ilustre? Por tu forma de ser, tu personalidad (amoroso, odioso) por tus actitudes, ¿cómo quisieras que te identifiquen?", indagué.

La formación de la personalidad y su autoestima fue el siguiente trabajo a hacer con Luis. El peso de los recuerdos, la sanidad de la identidad. Nosotros sabemos lo que fuimos. Dios nos hace nuevas criaturas, da una nueva identidad. En Juan 10:14 dice de Jesús que conoce la voz de sus ovejas, de las suyas y las llama a cada una por su nombre.

En la primera juventud se inician la mayoría de las patologías de la personalidad: el gran abanico de las esquizofrenias, las psicosis, entre otros trastornos. El deseo de Luis de ser médico me facilitó explicarle lo que le sucedía a su hermano mayor y responder sus dudas a la vez que "salvarlo" de seguir ese camino. Científicamente estas patologías no son solo orgánicas, el correlato de herencia es endógeno, pero también psicológico y sistémico.

Capítulo 20

TERAPIA ADOLESCENTE AL AIRE LIBRE

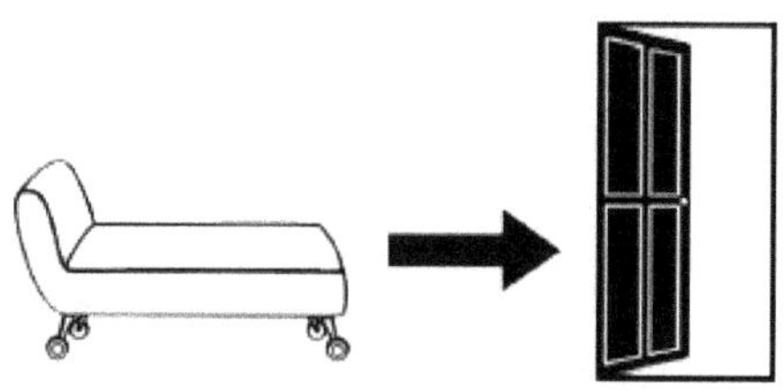

Mi experiencia en el trato con adolescentes estuvo dirigida mayormente a la comunicación disfuncional con los padres o a la orientación en diversos temas como lo vocacional, lo espiritual y, casi siempre, lo sexual. La temática adolescente en terapia es muy amplia, pero la edad y las condiciones sociales podrían unificar gran cantidad de casos. Sin embargo, quiero destacar dos que me parecieron diferentes a todos. Estos ejemplos surgieron en la misma época de mi carrera profesional.

Siempre la teoría apela de forma permanente a mi creatividad en cada tratamiento, por lo cual cada experiencia terapéutica es especialmente particular. Es necesario examinar cada proceso psicológico, estudiar el caso, revisar cursos a seguir y hasta replantear nuevos diagnósticos se vuelve una práctica profesional. En el caso de adolescentes, esto se hace imprescindible debido a que los ciclos vitales van cambiando semana a semana y se descubren nuevos elementos al tratarlos en una disfunción o trastorno.

Ángel y Victor. Ambos tenían 17 años y aunque aparentemente no se parecían en nada, los relaciono porque los atendí en el mismo año y en ambos casos apliqué una terapéutica innovadora, inventada frente a la necesidad, a la que califiqué como “terapia callejera”.

Empecemos con Ángel, quien era el menor de cuatro hermanos varones. Su edad biológica era de 17, pero su edad madurativa era de unos 11 años. Su papá era panadero, empleado en un local y además trabajaba en su casa amasando prepizzas que vendía con su esposa entre los vecinos del barrio. El papá de Ángel enfermó de cáncer de colon y vino con su esposa muy preocupado a verme porque no podía imaginar la vida de Ángel en el futuro frente a su propia muerte. Fue una sesión muy triste. Pronto pude convocar a los tres hijos mayores y todos se sintieron muy reconfortados, era una familia muy unida, sobre todo desde que nació Ángel. La discapacidad mental de un niño une más a la familia, o la desune por completo.

Mientras en el consultorio trabajábamos en función de cierta independencia de Ángel, los hermanos empezaron un emprendimiento en la casa paterna que implicaba vender por las noches las pizzas hechas con delivery. Así todos colaboraban después de sus empleos y el padre se aliviaba al ver que crecía la empresa familiar y que los hijos no dejaban sola a su mamá.

Con Ángel iniciamos un camino de conocimiento y autovaloración. Se me ocurrió que sería bueno que empezara a reconocer los billetes y monedas por las formas y colores, ir al kiosco para elegir, comprar, pagar, recibir y controlar el vuelto era todo un desafío. Salíamos a caminar por las avenidas cerca del consultorio, semana a semana empezaba a recordar nombres y lugares.

Con la familia arrancamos un trabajo mancomunado y al mismo tiempo desde su casa empezó a recibir órdenes para ir solo al almacén, a la panadería y a hacer otros recados breves. Más adelante, se animaron a dejarlo salir solo con la bicicleta y a Ángel le encantó, creció mucho, conoció lo que era peligroso, se reía un montón cuando saludaba a la gente. Esto se debía a que cuando tenía 8 años, tras repetir segundo grado, ya no lo mandaron más a la escuela, hecho que retrasó mucho su maduración.

Ángel tenía un trabajo en la empresa familiar, era quien armaba las cajas de cartón para las pizzas. Hasta ese momento nadie notaba la habilidad manual de Ángel; ya por ese entonces, el despachante.

Acompañar el desarrollo de Ángel fue el primer paso, sin embargo, luego de fallecer su papá procesar el duelo le costó mucho tiempo. A él y a todos. Consolidar los avances era un desafío terapéutico poco común. Todo fue diferente a partir de la muerte del padre de Ángel. La mamá vino a terapia y pudo reconstituir sobre sus fortalezas una familia y ponerla en funcionamiento otra vez. Apareció en escena una nuera que ayudó a aliviar la viudez, llegó un nieto y de a poco las cosas empezaron a encarrilarse hacia el bienestar.

Victor era diferente, vivaz, carismático, efusivo. Siempre me abrazaba entusiasmado, se reía mucho. Era muy excitable al punto de la impulsividad. Ese era el motivo de consulta, peleaba con quien le decía algo incómodo, o aun solo lo miraba. Imparable, no dejaba de hablar, siempre tenía razón, nunca era culpable.

Para Víctor el consultorio era chico. Tocaba todo, se tropezaba con cada mueble. Decidí hacer la terapia en la calle. Tenía que inventar algo. El primer ejercicio fue hacerlo correr hasta la esquina y volver corriendo hasta donde yo lo esperaba con un almohadón en la mano, él debía llegar corriendo y lanzar un puñetazo hacia el almohadón, pero sin llegar a pegarle. Agitado, con la cara roja, debía controlar su impulsividad. Sumábamos y restábamos puntos. Cada vez controlaba mejor su agresión, podía manejar con mayor precisión sus brazos y piernas.

Aprendió relajación con respiración, a bajar la ansiedad, a controlar el calor corporal, volvió a practicar fútbol (algo que al principio tenía terapéuticamente prohibido, para tranquilidad de sus compañeros). El arte también fue un buen escape. Usar sus manos en la creatividad, en el esfuerzo, la destreza y la delicada precisión fue un desafío que Víctor adoptó. Como todo desafiante, era opositor, arriesgado, el vértigo era su placer. Se juntó con un grupo graffitero, salían a medianoche. El dibujo dark empezó a captar su atención, a ser su vocación, a canalizar sus ideas más profundas y contrariadas. Víctor creció y terminó al fin la escuela secundaria. Las amigas y amigos ahora eran más estables. La música empezó a ser su nueva pasión, el ritmo y los silencios de la batería eran su límite.

Siempre habrá algo nuevo para Víctor, algo mejor, una persona que lo cautive, un hobbie que lo atrape. Incansable, pero ahora con límites algo más maduros. Víctor descubrió su alma de líder nato, un emprendedor para quien no existen los imposibles.

A Víctor y a su familia les conté de una investigación muy interesante que publicó la BBC. Un grupo de investigadores finlandeses, realizaron diversos test, escritos y visuales, a 701 personas, luego lo confirmaron en varios países en el mundo, crearon un mapa de las emociones básicas: miedo, asco, felicidad, tristeza y sorpresa y otras más complejas como la vergüenza, la envidia, el orgullo, el amor, la ansiedad y la depresión. Los participantes debían colorear en una silueta humana dibujada la parte del cuerpo que se activaban cuando sentían cada emoción tras ver una serie de imágenes o películas. Lo cierto es que el mapa muestra donde se sienten las emociones en el cuerpo. Para Victor, al igual que en la investigación, el resultado de la prueba es que las situaciones de ansiedad e ira activaban sus brazos y piernas y si daba un golpe o corría se iniciaba la descarga. Es por eso que la sugerencia de practicar batería, deportes y otras actividades creativas producían en él un mayor bienestar y autocontrol.

Lo especial de los adolescentes es que son únicos. Una edad que no se vuelve a repetir en el crecimiento físico ni psicológico. Una edad de tránsito. Como me definía mi papá: “sos chica para ser grande, pero sos grande para ser chica”. Se descubre un nuevo mundo, nueva música, nueva ropa, nuevos pensamientos, nueva sexualidad. En el cerebro se producen cambios neuronales en especial en el área prefrontal, que aún hasta pasados los veinticinco años no acabará de desarrollarse, debido al crecimiento de la esperanza de vida. Las funciones ejecutivas, la toma de decisiones, la manera de relacionarse con el mundo en general y con los otros más cercanos, están en pleno desarrollo. Son extremistas y determinantes, aman y odian. Forman el concepto de amistad, de responsabilidad, la personalidad. El pensamiento operativo formal de la edad primaria da paso a un nuevo mundo donde también radica la espiritualidad y los planteos trascendentes como la muerte, la fe.

Los padres de un adolescente muchas veces no recuerdan que vivieron estos cambios y tienden a comparar dos generaciones que hoy son dos siglos diferentes. Todo cambia muy rápido y nadie nace sabiendo ser padre o madre. Lo cierto es que la adolescencia merece una atención especial debido a que al final de esta etapa se inician los trastornos de la personalidad y los rasgos se exacerban. Es la época de la consulta y el consejo, de la observación y de saber que cada uno en la familia puede ponerse al día y acomodarse al crecimiento.

Debemos ayudar a los jóvenes a guardar su camino como dice en Salmos 119:9. Cada uno es diferente, cada uno tiene su personalidad y confusión de roles y emociones particulares. La misión de un psicólogo cristiano es guiar a que encuentre su destino, el plan de Dios para su vida. Mostrarles la fe y enseñarles que no está sólo luchando con su interior, con sus pensamientos, sino que Dios conoce sus angustias. Invitar a los jóvenes a aprender a orar no solo es espiritual sino fisiológico [1].

Dos adolescentes diferentes, dotados de tal particularidad que son inolvidables para mí. Imagino volver a encontrarlos alguna vez, reconocerlos y tener la seguridad que me reconocerán en el abrazo incomparable que cada encuentro semanal nos dimos.

---

[1] . Kelleyian Manoukian, A. G., *EspiritualMente*, Lográ una Inteligencia Superior para una Vida Plena. Buenos Aires: Editorial Dunken, pág 133

Capítulo 21

VERTE MORIR

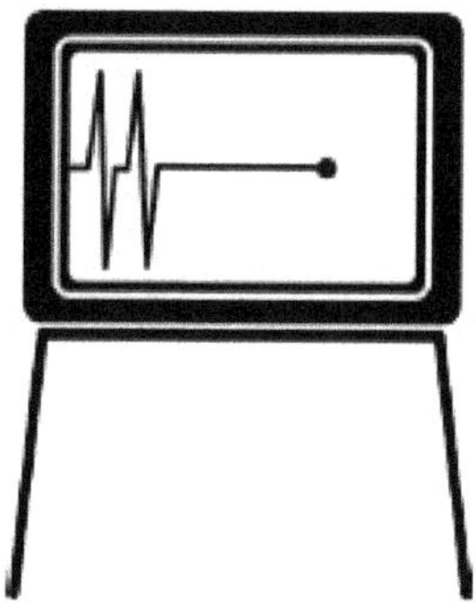

Atendí a Susana, una mujer especialmente amable y refinada que desde hacía dos años iba a la iglesia, comprometida con Dios y con ganas de salir adelante después de su separación. Trabajaba con su hermana haciendo manualidades artísticas. Susana tenía un novio que la quería y la ayudaba en el traslado de sus productos. Pocas veces Susana me hablaba de su única hija y si lo hacía era preocupada por si Jessi iba a preferir alguna vez vivir con su padre o por sus estudios.

Jessica tenía diecinueve años. Estudiosa, sin novio, no necesitaba trabajar ni quería, había empezado el primer año de la Universidad. La conocí hacía casi dos años porque hizo un proceso de Orientación Vocacional en mi consultorio. Esa relación profesional duró apenas dos meses y nunca más me encontré con ella. Jessica quería a su mamá y también a su papá, a quien visitaba de vez en cuando. Tenía amigas de las buenas, de esas que se conocen del barrio y desde el jardín, como Naty, con quien siempre iba a bailar.

Un día a la medianoche Susana recibió un llamado. Atendió entre sueños. No sabía qué hacer ni cómo reaccionar. A Jessica casi no se le entendía entre alaridos y llantos. Susana captó lo más importante: "A mí no me pasó nada, vení pronto".

Susana se levantó de inmediato, confundida por el sueño, la hora, los gritos. Susana tenía que decidir, y eso siempre le costó mucho, entre llamar a su novio o a su exesposo. Mientras se ponía cualquier ropa pensaba cómo ir hasta esa comisaría tan lejos. Cuando llegó, ya había otros amigos y amigas, una ambulancia y la familia de Naty. A partir de ahí la noche sería eterna.

Susana me había contado que su exesposo se fue a vivir con una novia de la edad de Jessi. Al recordar eso, prefirió llamar al novio. Él decía siempre que la quería ayudar. Así que Ángel una vez más la salvó. Volvieron los tres a la casa pasadas las cinco de mañana.

A la mañana siguiente, Susana me llamó muy temprano para pedirme una entrevista urgente con Jessi porque le había pasado algo grave. Nos encontramos ese mismo día, casi a las 19. Sólo sabía por Susana que su hija estaba muy mal y que no paraba de llorar.

En el consultorio Jessi me contó que junto a un grupo de amigos fueron a una fiesta electrónica. Natalia, su mejor amiga, la más íntima, quien conocía todos sus secretos, se desplomó a su lado.

"No llegué ni a agarrarla, fue de golpe. Habíamos tomado, todos tomamos, no sé si a ella le pusieron algo", relató desesperada. El llanto de Jessi era incontenible. "Me podía haber pasado a mí", repetía cada tres frases. Con solo diecinueve años acababa de ver morir en un segundo y sin explicación a su mejor amiga. Natalia, de la misma edad, había tenido una especie de síncope que no pudo superar.

Esa fue una sesión de acompañamiento. Solo pude escucharla decir frases entrecortadas, como queriendo que su corazón comprenda algo. Que su razón admita lo fortuito. Justificaba no haber podido ayudar a su amiga. Recordaba momentos felices juntas. Las risas a carcajadas. La fatídica fiesta. "Teníamos que haber ido al cine, Naty dijo que vayamos a un estreno". "Si hubiésemos ido al cine, no se moría". "Quizá ella sabía que esto podía pasar".

La escuché hablarme y hablarse. "Hablarles" a los amigos. "Decirle" a Naty cosas lindas y hasta pedirle perdón. Solo le recomendé a Jessi que durmiera y a Susana que conservara la tranquilidad en la casa para que recuperara las horas de sueño que bajarían un poco su estrés.

Al otro día Jessi volvió a verme, ya más serena y reflexiva pero enojada con la muerte. Enojada con Dios. Enojada con todos. Esperando que yo hiciera algo, dijera algo. Nada podría conformarla.

La muerte, la amistad, el más allá. Algunos temas que hablaríamos luego del shock, pasada la bronca. Cuando las aguas estuvieran más calmas entraría en escena la resignación, el mejor de los recuerdos. Se iniciaba el proceso del duelo, el reencuentro con los demás amigos que tramitaban su propio encuentro con una muerte súbita.

Hablamos de Dios. Cuando lo que Dios hace a veces es "raro", ¿cómo entender que Dios es siempre bueno? Pensaba en la expresión de un niño que llora porque no le gusta lo que el padre hizo, pero que para el consuelo abraza a su padre. Así somos con Dios, su consuelo es lo único que nos calma.

Jessi experimentó ese abrazo de amor, el abrazo de alivio a la carga humana. Los neurocognitivistas decimos que un abrazo de tres minutos cambia el ánimo, recompone pensamientos positivos y manifiesta un vínculo inseparable donde ya no hacen falta muchas palabras. Así fue con Jessi. Nos abrazamos para sentirnos cerca. El vínculo humano ya nunca más fue igual. Se produjo un acercamiento espiritual. Algún psicoanalista puede criticar mi actitud, pero amo a las personas, aún como psicóloga. No lo puedo negar.

Consideré que una tarea cognitiva era imprescindible para cerrar este capítulo sin olvidar jamás a Naty. Era hora de cambiar el rumbo del recuerdo. Jessi tenía muchas cosas que decirle a su amiga que murió a menos de diez centímetros de ella. No tuvo tiempo, no pudo decir ni hacer nada en aquel momento. Mi propuesta era decirle Naty todo lo que le hubiese dicho si hubiese tenido tiempo. Sugerí que fuera a través de una carta. "Todo eso que es importante poner en palabras, todo lo que tenés que sacar de tu mente y expresar con tu corazón, escribilo", le aconsejé. "Natalia no lo va a leer, pero vos lo podés decir. Ahora sin apuro, bien pensado, esta semana tomate tu tiempo, muchas veces, escribí de a poco, tachá, rehacé, usá las palabras justas, el color que quieras, la hoja que te gusta, hacé un dibujo, pintá. No importa cuánto tiempo tardes. Tu expresión de alegría, de dolor, de llanto, de recuerdo, todo ponelo ahí", dije y así terminó ese encuentro.

La siguiente sesión fue muy significativa. La recuerdo respirando hondo, leyendo su carta, llorando y riendo. A veces paraba para explicarme lo que quiso decir o ampliar la escena. Fue maravilloso. Ese día su llanto se tornó en una sonrisa cómplice con el recuerdo de su amiga.

Mark Twain dijo: "Hay dos días importante en la vida. Uno el día en que nacés y otro el día en que sabes por qué" (o "para que", agregaría).

Muchas situaciones duelen: una enfermedad, un trauma, una mirada, una palabra, un pensamiento. Físicamente nos duele lo fisiológico como lo psicológico y lo espiritual. El miedo es doloroso, la enfermedad crónica y también el dolor de ya no ser esposa, empleado, padre, hijo, etcétera.

Dicen que "el dolor te eleva". Necesitamos superar ese dolor, ese miedo, esa angustia. Nuestro cerebro inventa cada vez más nuevas conexiones, se hace más sabio, interpreta las cosas terrenales en un plano superior, espiritual, busca a Dios. Cuando las cosas que suceden no tienen sentido, cuando no hay respuestas a tantos porqués, necesitas elevarte, verlo desde arriba como sobrevolando la situación. Se trata de ver el panorama completo, entender al plan divino.

En el libro Temor y Temblor, Sören Kierkegaard cuenta acerca del "caballero de la resignación infinita", quien es capaz de desordenar todo por una gran causa y convivir con el dolor que eso le produzca, en oposición al "caballero de la fe", quien no sólo renuncia a todo, sino que además confía por la fuerza del absurdo en que volverá a recibirlo de vuelta cuando capture a Dios. En nuestro cerebro estos dos caballeros están en lucha. Hacemos todo lo posible, peleamos hasta el infinito para luego entregarnos a la confianza de que Dios es soberano.

Frente al dolor o a la fe existen tres posible estadios.

1. Cuando parecemos adultos infantiloides. Nada es sólido, ningún pensamiento es consistente con la realidad. Queremos huir de la responsabilidad. Nos negamos a hacernos cargo de la situación dolorosa, buscamos el placer inmediato. Un estadio hedonista.
2. Luego un momento donde hay que hacer, pero no llegamos nunca a hacer. La ley o la religión no espiritual nos dice que hay que hacer algo, pero no como hacerlo. Esto genera mucha angustia. El deber sin amor. Allí muchos compensan el dolor haciendo sacrificios (peregrinar), dando algo (donaciones), haciéndose buenos (filántropos).
3. Por último, el camino espiritual, el de la fe. Como cuando Abraham entrega a su hijo.

El dolor puede definirse, estudiarse o clasificarse, pero, ¿cómo se mide el dolor? ¿qué duele más tu frustración o mi depresión? ¿tu cáncer o mi caries? Psicológica o físicamente, el dolor es personal. Imposible de entender el dolor ajeno en la real dimensión.

Jessi empezó el camino de la recuperación. No solo es inteligente emocionalmente, sino que puede ser solidaria y ayudar a sus amigos desde su reflexión y fe. Jessi era una chica que iba a bailar viviendo las emociones de una adolescente o sin más que pensar en divertirse. Hoy es una mujer sólida que pudo sobrellevar una fuerte experiencia y salir entera.

Capítulo 22

FELICIDAD

Él ya estaba separado cuando enviudó. Había tenido que casarse porque de adolescentes tuvieron un hijo. Luego nacieron otros dos. Siempre fue una unión conveniente para ambos. El progreso económico fue el centro de la pareja. La creación de una empresa lo mantenía ocupado y a una distancia óptima de su mujer. Pero, los hijos crecieron y cuando los tres terminaron la secundaria ella decidió que ganaba más si se quedaba con la mitad del dinero y los bienes que si se continuaba junto a Martín. El divorcio fue fácil ya que ambos estuvieron de acuerdo y no le sorprendió a nadie: ni a los amigos, ni a las familias, ni siquiera a los propios hijos. Habían tenido épocas felices: la llegada de los hijos, los viajes, la casa del country, la empresa y algunos negocios fructíferos. Adquirir un nuevo modelo de auto para cada uno casi todos los años se había convertido en una tradición lujosa de la familia.

Martín llegó a mi consultorio para buscar una terapia que le permita pensar ahora "en una nueva vida", realmente solo, "una vida mejor". No la necesitó al separarse, eso estaba muy claro, pero "ahora ella murió y las cosas se me ponen patas para arriba", dijo preocupado.

Martín era un hombre de apenas pasados los cuarenta. Siempre estaba muy bien vestido, era prolijo en su manera de sentarse y cuidadoso al hablar, buscaba las palabras exactas y en la primera entrevista decía y se desdecía hasta encontrar el término que más se ajustaba a los hechos que quería contarme. Parecía estar dando un examen frente a mí. Intenté imprimir una nota de confianza. No creo que él la necesitara, quizá era yo quien quería verlo más cómodo, más suelto, con libertad al hablar. Cuando lo percibió me regaló su primera sonrisa. Casi al final de la primera sesión logramos distendernos. Esa fue una complicidad que continuó en todo el proceso terapéutico aún en los momentos difíciles, que los hubo y varios. Llorar se le hizo más fácil con esa apertura a la compañía que Martín podía sentir en el consultorio.

Muchas veces manifestó la necesidad de venir entre sesiones y lo bien que le hacía cada semana. "Espero al miércoles para llegar hasta acá", solía decirme. Su autoestima y su seguridad crecían. A veces me contaba que le iba bien en los negocios, que las decisiones que tomaba las pensaba mejor, aunque reconocía que basado en la intuición le había ido muy bien. Hablábamos de sus hijos a quienes desde la separación empezó a dedicarles algo más de tiempo compartido con la ex esposa, pero a partir de su muerte los chicos viven con él y eso lo entretiene mucho. "La casa es grande y entran y salen todo el tiempo, no dejan de pedirme cosas", decía con un gesto más que alegre. "Me gusta que dependan de mí, siento que quiero estar con ellos, me revitalizan, me rejuvencen".

Los amigos de Martín querían buscarle pareja, las amigas de Martín querían ser su pareja. Era el invitado especial en cada fiesta, en cada "comilona" de fin de semana. En una sesión me contó que en el último asado conoció a Lili, una treintañera separada con una hija pequeña. Lili venía de Chascomús, provincia de Buenos Aires. Era prima de la anfitriona. La única desconocida del grupo, simpática, rubia, delgada y con unos ojos castaños muy sensuales. Lili era sencilla, nada despampanante, casi sin maquillaje, pelo lacio suelto, simple en su forma de andar y de vestir. Parecía una mujer sin complicaciones. Conocerla fue la misión de ese asado para Martín. Entablaron una conversación breve, pero con la promesa de encontrarse a solas en Chascomús.

Unos días después, Martín viajó los 130 kilómetros que lo separaban de la casa de Lili. Esta vez, más tranquilos y solos, compartieron un almuerzo en el mejor restaurante de la ciudad y tomaron un helado. Ella se sintió libre al andar con un desconocido en su pueblo donde los saludos al pasar y las miradas incluían miles de preguntas tácitas sobre el hombre que la acompañaba. Martin se sintió feliz. Me relató los detalles de ese encuentro con un brillo especial en los ojos. "Creo que estoy enamorado por primera vez en mi vida", dijo reflexionando en voz lenta y con la mirada fija hacia un lado. Reaccionó a sus dichos levantando las cejas y los hombros en una actitud de sorpresa y desconocimiento de este sentimiento.

Emociones y más emociones fueron el análisis de la siguiente sesión y de las próximas. Se avecinaba cada vez más una nueva forma de encarar el futuro: Martín dejó de hablar de sus hijos y sus empresas, Lili ocupaba por completo su relato. Podía confirmarlo vez tras vez: Martín estaba enamorado. Viajaba dos veces en la semana y a veces los fines de semana se quedaba a dormir en Chascomús. No quería faltar a ninguna sesión. "No vaya a ser que no tenga un diván donde caer si esto era un sueño", decía sonriente.

De vez en cuando me preguntaba -y se preguntaba- si esto que le pasaba podía ser cierto. No podía dar crédito enteramente a esto que sentía. Interiormente esperaba que alguna vez todo podía venirse abajo. Hasta llegó a pensar si Lili era un plan de sus amigos para desvalijarlo, por eso le hacía regalos, pero se había jurado no darle plata para remodelar la casa como ella soñaba. “Ella no me pide nada, es bárbara, se arregla con lo que tiene, trabaja y lleva a su nena a la escuela”.

Un día, después de cuatro meses, Lili dio muchas vueltas para decirle algo a Martín, el empezó a tener un torbellino de ideas negativas. Esas frases que iniciamos las mujeres con “no quiero que te enojes con lo que te voy a decir”, “estuve pensando algo, pero no sé cómo decírtelo”, “quiero que seas sincero conmigo, si lo que te pido no te gusta, decímelo”.

Martín enseguida pensó: “¿Viste Martín? Todo lo bueno acaba”. Pero exteriormente puso una sonrisa, habilitando la conversación mientras esperaba lo peor. “Quiero que conozcas a mi familia, ¿Querés?”. El suspiro de felicidad de Martín se escuchó hasta muy lejos, su sonrisa llegó a sus orejas. Martín conoció a la familia de Lili y a mas amigos y vecinos.

Así empezaron una nueva familia. Ella vino con su nena a la Capital y hoy son una familia ensamblada y feliz. Seis que esperaban algo mejor, que la vida les dio porque decidieron trabajar juntos para lograrlo.

Unos meses después conocí a Lili en mi consultorio, una mujer que nunca dejó de creer en Dios. A pesar de su triste historia supo levantarse de la ruina en que había quedado. Las sesiones rondaban acerca del plan de Dios para las familias y para cada uno. Aceptaron que debían agradecer a Dios porque la casualidad no existe, pero sí la causalidad divina.

Siempre creí que aceptar la fe en momentos difíciles, de crisis, era lo común. Es más, siempre comparo la iglesia con un hospital donde uno recurre con dolor, a llorar, a buscar a Dios cuando todo se hace imposible. Sin embargo, con Lili y Martin fue diferente. Presentar a Cristo y la salvación en medio de la alegría fue ir a la iglesia para agradecer. Para saber guiar a los hijos, para buscar la felicidad de la fe, el gozo del nuevo comienzo en sus vidas.

Ellos querían hacer las cosas bien. No volver a equivocarse. Criar hijos seguros, con buenos amigos, que también dependan de Dios y no de la suerte.

Dios nos habla de muchas maneras. Si estamos en la postura de aprender, las circunstancias nos enseñan a decidir mejor. Reflexionar con Lili y Martín y conocer a sus hijos fue fabuloso. Propuse una sesión con toda la familia, hicimos un juego sistémico de valoración personal y familiar, oré por cada uno de ellos, los alenté a desarrollar sus dones en la Iglesia del barrio porteño de Villa Crespo donde habían empezado a congregarse. Esta familia fue una de las caricias de Dios para mi vida mientras atravesaba momentos difíciles y de mucho trabajo, conocerlos y ayudarlos a caminar en la fe fue un placer.

Entendí la fábula de la felicidad que dice: "Un gato viejo vio cómo un gatito pequeño trataba de pescarse la cola y le preguntó: ´¿Por qué tratas de pescarte la cola en esa forma?´ El gatito respondió: ´He aprendido que la felicidad de un gato es su propia cola, la persigo y cuando la pesque seré feliz´. El gato viejo le dijo: "Yo también pensaba que mi cola era la felicidad. Pero, me he dado cuenta que cuando la persigo se me escapa y cuando voy haciendo lo que tengo que hacer, ella viene detrás de mí por dondequiera que yo vaya".

Nada hace que la felicidad sea más inalcanzable que tratar de encontrarla. (June Callwood, *The One Sure Way to Happiness*, Readers Digest, 1974).

Capítulo 23

VIOLENCIA

Julia era una mujer maravillosa. Tenía una hija mayor de edad, que vivía con su pareja. La relación entre ellas era de amor-odio, según la hija necesitara dinero de su madre. Julia era una luchadora, trabajaba de lo que sea. Aprendió algunas cosas de cosmética y atendía en su casa a sus vecinas. Vendía ropa en empresas o escuelas y zapatos por pedidos. Siempre espléndida, maquillada. Con algunas cirugías para mantenerse joven.

Julia no comprendía porque sus muchas relaciones de pareja terminaban, a veces bien y a veces mal. Julia salía con amigas, iba a reuniones, asados, cumpleaños, pero cambiaba de pareja varias veces al año. Algunos resultaban tacaños, otros infieles, otros aprovechados, otros simplemente desaparecían. Julia venía con algunos planteos: "¿Es mala suerte o soy yo?", "¿Por qué no puedo tener una relación estable?"

Debíamos tratar el tema en un proceso terapéutico. Julia estaba dispuesta a develar ese misterio. A pocas semanas de terapia, como era de esperar, apareció un príncipe azul. Julia ya sabía que no le abriría las puertas de su casa, que no le daría dinero ni lo recomendaría para un trabajo. Esas generosidades fueron errores en su pasado que no volverían a suceder.

"Es un buen hombre, me protege mucho", dijo Julia. Con mis años de experiencia entiendo, que en general las características que se notan al principio de una relación, se potencian con el tiempo.

Su flamante pareja era custodio privado porque le dieron la baja en la policía. Julia me cuenta: "Me dijo que fue por un médico que le hizo un mal informe, por eso no quiere ni ver a los psicólogos ni a los psiquiatras".

Julia era muy emprendedora y desenvuelta en el comercio. Se compró un pequeño auto usado para hacer viajes de venta de ropa en la provincia de Buenos Aires. Se animó porque podía ir con Carlos: manejaban los dos y de paso disfrutaban de viajar los fines de semana. Pasados unos meses el autito desapareció. Julia estaba enloquecida con los trámites de denuncia, seguro, y no podía cumplir con los pedidos.

Justo antes ella había ido sola a vender a San Pedro, Provincia de Buenos Aires, y él se enojó. A los pocos días Carlos encontró el autito intacto y le hizo prometer que siempre irían juntos. Julia no era de atarse a nadie, pero accedió. Al poco tiempo, él fue a vivir a casa de Julia, se llevaban muy bien. El trajo un televisor de pantalla gigante, de esos que ocupan casi toda la pared. Ella le dio las llaves del departamento a

Carlos para que lo llevara. Fue una excepción porque Julia no le daba las llaves ni a su propia hija.

Ahora decía que Carlos era "un poco loco", por las cosas "algo agresivas" que le decía a viva voz en las reuniones de los propios amigos de Julia. Carlos no hablaba de su vida privada. Julia no sabía su historia, sus amores, si tenía hijos, nada. Esto fue el motivo de la última discusión entre ellos, Julia reclamó saber. Acto seguido, a Julia le vacían la casa. Le roban todo, hasta el televisor que había traído Carlos. Los maletines de las máquinas y accesorios de cosmética con que ella trabajaba, la ropa nueva para vender. "¡Qué mala suerte!", repetía Julia vez tras vez. Entonces le expliqué el círculo de la violencia. Ella no comprendía porque hablaba de eso, pero me escuchó atenta, como siempre.

Antes de un mes, Carlos tiene una fuerte discusión con la hija de Julia. Las cosas empezaron a andar mal. Julia quería que Carlos se fuera de su casa. Él le pidió una semana para conseguir donde irse. Acto seguido a Julia le roban el auto a mano armada y se lo incendian en su propia cara. Obviamente, Carlos desapareció con todas sus cosas y las de Julia.

Vi llorar a Julia desconsolada. Le daba bronca perder el auto, el dinero, las ropas, los maletines. Más bronca le daba no haberse dado cuenta a tiempo. Debió reconocer que ante un manipulador y violento siempre se llega tarde. Luego supe que el psicótico la esperó a la salida de mi consultorio para pedirle perdón. Entonces Julia comprendió en carne propia el Círculo de la Violencia. Durante toda su vida se alejaba de los hombres que eran violentos físicos, como su padre y como el padre de su única hija. Esta vez le falló el radar. Nunca conoció este tipo de violencia material.

Carlos era agresivo con lo que Julia amaba. Un celotípico.

Armamos una especie de calendario de "casualidades": pérdidas, discusiones, perdón, viajes, regalos, felicidad. Julia descubrió un plan macabro, deliberado. Un círculo violento que, como una red, pudo atraparla. Fue una sesión de mucho llanto y abrazos.

Julia me confesó: "Creo que, si no hubiese estado cerca tuyo, este hombre me mata". Hablamos de la importancia de buscar la paz interior que sólo Dios puede conceder y la fuerza para volver a empezar capitalizando cada experiencia.

Julia manifestó que ahora le quedó el miedo. Un miedo que nunca tuvo. Miedo por ella, por su hija, por ser perseguida o secuestrada. Ya no podía dormir, aunque había cambiado la cerradura y puso rejas en las ventanas. Empezó a tener algunas crisis de angustia, pánico. Ella misma quería que le "hiciera una oración" para que pudiera estar tranquila. No se animaba a tomar ansiolíticos, eso era retroceder a otras épocas, a su adicción.

Entonces hicimos un plan. Cada día podía llamarme hasta dos veces por teléfono. Era como tener dos créditos. No importaba la hora. Esa semana usó casi todos sus créditos para orar por teléfono, contarme lo que le pasaba, decirme solo una frase. A veces eran comunicaciones breves. Creo que era para corroborar que yo seguía del otro lado de la línea mientras ella estaba sola en su departamento vacío.

En algunas semanas estos llamados terminaron. Julia era fuerte y se volvió a poner en pie y siguió con su vida, con su trabajo. Se aferró más a su hija. Sus finanzas repuntaron y mucho. Decidió que nunca más regalaría su dinero ni su paz a cambio de amor.

Aprendí junto a Julia un tipo solapado de agresión. Además de acompañarla investigué y pensé poniéndome de la vereda de enfrente. Mi inquietud como psicóloga era, cómo ayudar a revertir un carácter violento. Creo que el agredido siempre sufre, pero ¿qué pasa en la mente de la persona violenta? La violencia masculina es la más común, la más difundida. Sin embargo, existen mujeres violentas, que en general son muy manipuladoras. Existen hijos que agreden a sus madres o padres especialmente cuando son ancianos. Cuando escucho una historia de femicidio,crímenes intrafamiliares o violencia en los hogares imagino los cientos que no se publican.

La violencia puede ser física, psicológica o sexual, que son las más conocidas. También existen para la Ley Argentina (Ley 26.485) la violencia patrimonial o económica, y hasta la simbólica (dominación, discriminación, subordinación). El Código Civil explica las modalidades de la violencia como doméstica, reproductiva, obstétrica, laboral, institucional y mediática. Yo agregaría una modalidad específica que es la violencia espiritual: no permitir que alguien crea o no en algo, que no pueda desarrollar o practicar su fe. También, que una autoridad religiosa te domine, te manipule o califique tus vivencias interiores. Que alguien te mida la fe, que te obligue a hacer ciertas "cosas" para ser más espiritual. Claro, esto merece otro capítulo.

Al pensar cómo ayudar a un violento o una violenta, descubrí un momento preciso en el que se puede ser eficaz. El círculo de la violencia consta de ciclos suficientemente definidos. En la fase de la explosión violenta descubrimos con certeza que esas personas necesitan ayuda. Luego se inicia la fase de la Luna de Miel, donde aparecen las promesas, el perdón, el arrepentimiento, los regalos, las risas.

Será necesario controlar en un calendario cómo siguen las fases y cuanto duran. Ahora se espera una tercera fase en que el violento acumula tensión. Al inicio de esa fase es el momento de ofrecer ayuda psicológica, acompañar, guiar. Aunque suelo enseñar más detalladamente estas fases, quiero mencionar aquí que hallar el momento es definitivo para el éxito de un tratamiento. Creo en el cambio de las personas. Con mayor o menor esfuerzo creo que todos podemos cambiar si somos conscientes, razonables, pensantes y sobre todo si queremos vivir mejor. El bienestar espiritual permite ser feliz.

Si vivís situaciones de violencia o conocés a alguien que esté en esa situación llamá inmediatamente al 144 (gratis, seguro y anónimo. Funciona las 24 hs, todos los días) o buscá algún centro de atención cercano. Podés descargar la aplicación para celulares "144" o ingresar a www.argentina.gob.ar/mujeres

Capítulo 24

ANTE LA CONSECUENCIA

Patricia no pudo terminar la escuela secundaria. Asistía desde preadolescente junto a sus primos a una iglesia evangélica. Le encantaban las actividades, los líderes, el lugar, las amigas. Nunca estuvo en los planes de su mamá asistir a una iglesia, ni pensaba hacerlo. Solo dejaba ir a Patricia con condiciones muy estrictas. Patricia tenía que tener su cuarto impecable toda la semana, traer buenas notas, ayudar en la limpieza de la casa los sábados a la mañana, no gritar, no enojarse ni discutir con su hermanita, obedecer en todos los quehaceres de la cocina, hacer algunas compras, poner la mesa, lavar los platos. En fin, algunos sacrificios para poder ir los sábados a la tarde y los domingos a la iglesia con sus primos. Pronto todo lo que hacía comenzó a tener una motivación especial: Leandro, un chico de la iglesia.

Tenía 17 años, era el hijo del medio de una familia creyente; de las que cumplen con ir todos los domingos al culto y a algunas reuniones especiales. Una familia cuidadosa, responsable, estudiosa; un verdadero ejemplo.

Lean y Patri eran noviecitos. Todos lo sabían. Estaban juntos en las reuniones, salían juntos, se querían. Eran la parejita linda del grupo. Las familias no decían demasiado porque eran cosas de chicos. Un día Patricia quedó embarazada y todo se derrumbó.

"¿Cómo que tenían relaciones sexuales?", preguntó entre indignada y sorprendida la mamá de Patricia y acusó a la iglesia, a los primos, a los tíos y a los pastores. Su enfado fue fatal. El papá de Patri había desaparecido del mapa hacía muchos años. Ahora su mamá con cuatro hijos, tenía un trabajo más; un niño más que cuidar y alimentar. La idea del aborto rondaba por su cabeza cada día. Pero si ella no lo hizo a pesar de tener un marido alcohólico y golpeador, no lo haría con su hija. Ella tenía temor de Dios. Sin embargo, se sentía en un mar de desesperación y cambios de planes con un futuro incierto.

Patri transcurrió su embarazo en casa de su abuela, quien la acompañó a mi consultorio. Lloraban de impotencia, de indignación y por una consciente ignorancia sobre la gestación, la prevención, los controles médicos. Lo único que no les faltaba era el amor por ese futuro bebé. El dolor de mi alma solo era permeable a mi oración silenciosa. Un caso difícil, muy difícil. No fue el primer caso de estas características que abordé en el consultorio. Tampoco el primero en una familia cristiana que necesitaba la ayuda de un profesional de la misma fe. No era el primer embarazo adolescente que iba a acompañar pero cada caso es diferente. Distintas personalidades, distintas situaciones legales, emocionales, espirituales, económicas.

Con 16 años, Patri tenía que hacer un curso acelerado de madurez. Verla venir cada semana con su pancita a las sesiones me producía ternura y a la vez bronca, amargura y desazón. Entendí que en las iglesias debe hablarse de sexo, cada vez más de modo preventivo y educativo a jóvenes y adolescentes. No se justificaba buscar un culpable entre los chicos, los padres, las familias, los amigos, los líderes, los pastores, las instituciones, las actividades. Enseño desde hacer más de diez años sexualidad en todos los niveles educativos, a fin de motivar a hablar de estos temas en todas las edades, a padres, docentes y alumnos.

En una tarde fría de junio nació Ezequiel. Precioso. Disfrutaba de los cuidados de todos. Trabajé durante un largo tiempo con esos papás adolescentes. Una ardua labor de acompañamiento terapéutico sobre la estima, los errores, las consecuencias. La madurez en general llega con el correr del tiempo; es algo biológico, psicológico, estructural de la personalidad, la formación del carácter. Pero también implica responsabilidad, independencia social y financiera.

Mi tarea implicaba hacerlos avanzar en temas de paternidad y madurez: hacer psicoeducación, pedir la colaboración de las familias para que puedan vivir juntos, proveer a sus necesidades financieras y ayudar a conseguir un trabajo. En fin, socorrerlos en la necesidad.

Durante el embarazo cité por separado a Leandro con sus padres y tuvimos una sesión que pasó por el dolor, el llanto, la vergüenza, la ternura y las responsabilidades del futuro. Cité a Patri con su mamá, pero no quiso venir. Recién a una semana del parto vinieron juntas. La mamá quería saber quién pagaría "los platos rotos", pero se encontró con mi postura acerca de la responsabilidad materna de explicar la sexualidad a su hija. Entendió que Patri no fue violada, sino que quiso tener relaciones y reconoció, entre bronca, culpa y vergüenza, que ella en 16 años nunca había hablado de sexo con su hija. Con ambas familias volví a reunirme por separado cuando Ezequiel ya había nacido y ajustamos algunas cuestiones de la convivencia, los estudios y el trabajo de la pareja.

Un verano, a poco que Ezequiel empiece la escuela primaria y siendo el niño mimado de ambas familias quienes lograron pasar todos los cumpleaños juntos y también las fiestas de navidad en la iglesia, mi trabajo terminó, el evangelio fue predicado.

Capítulo 25

DEPRESIONES

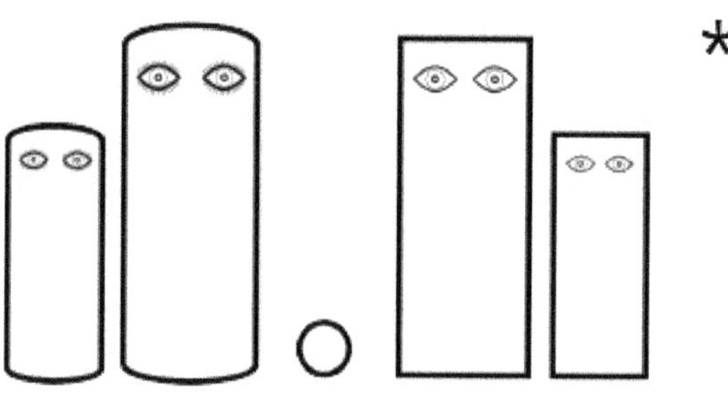

La depresión tiene muchas formas y se esconde de muchas maneras. No siempre es previsible. Buscar la causa y no dar un diagnóstico apresurado es el trabajo de un psicólogo que ama a las personas como creaciones de Dios. Conozco cientos de casos de depresiones. Coordiné tres años seguidos grupos de autoayuda semanales con esta patología. Algunos medicados, otros luchando solos.

Al conocer tantas historias podría escribir un libro entero sobre casos de depresión. Recuerdo mis dudas y temores cuando alguno faltaba a las reuniones. Sobre los casos graves, temía un suicidio; sobre los melancólicos, creía que la cama no los dejó levantarse; acerca de los que estaban entusiastas (algunos en su fase maníaca de la bipolaridad), creía que no participaban porque habían encontrado un trabajo o tenían algo más alegre que hacer.

Lo cierto es que, frente a la depresión, un profesional puede dudar y desconfiar si la depresión del paciente es endógena, psicológica, vagancia o comodidad. La depresión, así como la ansiedad, puede ser una máscara que oculta muchas otras patologías. Si no tuviera el sostén de Dios como profesional cristiana la lucha sería insoportable, molesta y agotadora. Algunos de mis colegas suelen decirme: "Vos tenés algo extra para ayudar en casos complejos", para tratar con personas depresivas por tanto tiempo. Creo que Dios me dio un corazón para entender la enfermedad más allá de los libros y haber convivido con mi madre con rasgos de bipolaridad me dio una experiencia extra.

María José llegó al grupo con unos cuarenta años. La buena posición económica de su esposo le hubiese permitido hacer un tratamiento particular, pero le sugerí que ese grupo también le ayudaría en lo vincular, a entender que esto no le sucedía sólo a ella.

Se sentía como un bicho raro. Decía que hacía casi veinte años que sufría de depresiones profundas. Fue a muchos psiquiatras y tomaba esporádicamente medicación, cuando ella lo creía necesario. Tenía dos hijas adolescentes y ya no las podía controlar. Su esposo, según suponía ella, la engañaba porque hacía años que no tenían relaciones sexuales. Un panorama desolador.

El grupo quería ayudarla, pero ella no aceptaba a ciertas personas ni quería contar sus cosas en público. Debido a su gran necesidad y algo de confianza conmigo, empezó a tener una apertura para expresar su situación. Como sucede en estos casos, María José quería mi trato preferencial. Yo hablaba con ella a solas antes de empezar el grupo; eso la ponía contenta.

Con ella aprendí a hacer cuentas en terapia, a calcular fechas y relacionarlas con situaciones. A hacer un diario de los pacientes, del pasado de la enfermedad. A partir de esos años, donde recién me recibía con la especialidad de psicoinmunoendocrinología (PNIE), el trabajo gratuito en los grupos, en los hospitales y en las iglesias formó el carácter cristiano de mi profesión. Las muchas experiencias con pacientes me enseñaban a mirar más globalmente al consultante, como una integridad: espíritu, alma y cuerpo, viviendo en un contexto. El contexto incluye su cultura, su familia, sus vecinos, la edad, el sexo, la iglesia, sus amigos, su trabajo, su historia. Todo influye y observo todo, quiero tener siempre el panorama completo, mirar al paciente de manera holística.

Un día le pedí que nos reuniéramos una hora antes del grupo. Así lo hicimos por casi dos meses. La particularidad de esta depresión tan larga y enquistada me preocupaba. Una tarde mientras realizaba con ella el Test Sistémico Relacional (un juego de Constelaciones-Vínculos Psicológicos que registré en 2006), encontré a un actor no mencionado: su mamá, fallecida hacía casi veinte años.

La primera suposición sería que el duelo de su mamá no fue resuelto. Pero descubrí que no era eso. Lo que arrastraba hacía tantos años era el puerperio no tratado. Era esa llamada "depresión posparto" generada por un esposo ausente y una madre acuciante, con mucho poder, que muere poco antes de nacer su primera hija. María José con su debilidad orgánica y un cuerpo frágil y enfermizo no lo pudo soportar, su mente se rindió sin poder luchar.

Comencé a hacerle recordar a María José esos años, los sentimientos que dejaron esas emociones tan fuertes. Todo ese largo tiempo de una gran familia extensa que la catalogaba como "la inútil que al menos tuvo dos hijas".

Luego de un año, los cambios en María José eran notables. Aprendió a manejar sus emociones y a valorarse. Puso las cosas en su lugar. Su hogar cambió. Sus hijas pronto se independizaron.

María José creyó, agradeció, sonrió, se esforzó, logró caminar sola después de un largo tiempo de tener el alma postrada.

Fue un desafío muy fuerte entender la complejidad que conlleva un caso dentro de un grupo con otras quince personas que viven modos diferentes de depresión. Fue un gran esfuerzo para mí tratar a todos juntos y a la vez en particular. Llorar con ellos, abrazarlos, creer que Dios puede sacarlos de esa prisión interna. Cada encuentro lo finalizábamos tomados de la mano, pedíamos a Dios salud, alegría, piedad, ayuda. Espontáneamente aplaudían para darse ánimos y bendecirse mutuamente.

En estos grupos aprendíamos de memoria un versículo bíblico o frase como lema cada semana. A veces lo repartía en unas tarjetitas impresas, otras lo dejaba escrito en la pizarra durante toda la reunión. Muchas veces iniciaba el encuentro contando una historia de un personaje bíblico que sufría depresión. Todos conocían que Jesús vino a libertar a los cautivos y oprimidos, y a sanar a los quebrantados de corazón. Este es un mensaje claro para los deprimidos, sentían que Jesús los comprendía como ninguna otra persona.

En Argentina el 95% de las personas; nueve de cada diez, creen en Dios. El diario La Nación[2] publicó estas cifras resultantes de una investigación del CONICET en conjunto con la UBA. Nunca nadie se enojó ni dejó el grupo porque yo orara. Algunas veces llegaban tarde al grupo porque estaban atados a la cama, pero al menos venían al final porque la fe en la ayuda de Dios les daba aliento para toda una larga semana.

En cada encuentro descubría cuánto podemos hacer con lo que sabemos. Aprendí a orar desde adolescente y ahora muchos se benefician cuando puedo pedir a Dios por ellos. La

2 . https://www.lanacion.com.ar/1043777

oración es un tesoro inagotable en vasos de barro para usar a tiempo y fuera de tiempo, con mi fe o sin mi fe.

Me emociona recordar los casos de esos grupos. Depresivos psicológicos o endógenos, despreciados en un mundo activo. Eran como pasajeros que no lograban subir a los trenes de la vida que debían tomar. Nunca iban a llegar a sus destinos. No podían asumir la velocidad, la vorágine, la tristeza y el distrés (estrés negativo). La anomia de la ciudad que despersonaliza. ¿Acaso alguien puede pedirle algo a un depresivo? Jesús es la esperanza para quienes tiene ese sufrimiento interno, profundo e incomprensible.

No todo es lo mismo al hablar de depresión. Veamos algunos grados de lo que comúnmente se llama depresión:

1. Tener un día o unos días de tristeza, aburrimiento o bajón anímico porque algo no salió como quería, o porque me quiero quedar en la cama haciendo fiaca, sin tener que hacer nada para mí ni para otros. Puedo decidir conscientemente, y aun preparar que ese feriado o fin de semana voy a frenar todo quehacer. Pero, a pesar del deseo de quedarme durmiendo, si es un día laborable o tengo una responsabilidad igual me levanto y lo hago. A veces el cuerpo y la mente necesitan bajar el estrés y poner modo pausa. Esto es solo un bajón consciente, no es depresión. Es lo que llamamos un día "depre", tristón, tanguero.
2. Otro tipo de depresión es psicológica, a veces por un duelo, por una pérdida, por una mudanza, por un parto o debido a un trauma. Las escenas de la vida que requieren mucha actividad o preocupación producen un agotamiento supremo porque el cuerpo acompaña a la mente en su cansancio. La mente le ordena al cuerpo descansar. Necesitamos para esto un tiempo de proceso. Son cambios que necesitan de manera imprescindible ser reconocidos física, mental y espiritualmente.

3. Cuando la depresión se enquista y perdura en el tiempo y va copando cada vez más áreas en la vida. Cuando el desgano te paraliza y empezás a "ir en caída libre", lenta o rápidamente. Cuando por dos semanas o más perdés la capacidad o el interés en algo placentero. Cuando nada te alegra, cuando lo que antes te hacía feliz se apagó y aún te sobrecarga de angustia (por ejemplo, jugar con un hijo o un nieto, trabajar, cocinar, etcétera) durante la mayor parte del día. Cuando sentís que nunca vas a poder estar bien, te llenás de desesperanza, pensás que es mejor no estar porque nada te sale bien. Cuando cambia tu forma de comer y de dormir. Cuando la melancolía es tu sombra. En estos casos, tu depresión es mayor, es un trastorno que debe ser tratado con urgencia.

En cualquiera de estos grados es bueno consultar a un profesional. El psicólogo te diagnosticará si tenés que tomar medicación o no. Recomiendo también consultar por la conveniencia de una dieta que, sin contraindicaciones, ayude a elevar serotonina y dopamina al igual ciertos alimentos, ejercicio físico, sueño, ocupaciones, vitaminas.

Te desligarás de un problema con mayores o menores consecuencias para tu cerebro y para la gente que te rodea. No tires la toalla, no vivas con amargura, la depresión tiene solución. Ahora sabés lo que tenés que hacer, hacelo, porque el que sabe hacer lo bueno y no lo hace, se aleja de Dios

---

* Kelleyian Manoukian, Ana G., (2006) *Test Sistémico Relacional*, Fabricado y Registrado por INEA, Instituto de Neurociencias Educación y Asistencia, Buenos Aires, Argentina.

Capítulo 26

OBSESIÓN Y DEPENDENCIA

Por recomendación de la hija de una amiga, un día llega a mi consultorio Esteban. Era un joven de 35 años corpulento y grandote, pero con alma de niño. Con unos gruesos anteojos, entró saltando el umbral de la puerta para no pisarlo. Crédulo y dependiente. Casi ingeniero, inteligente y aplicado en sus estudios y muy trabajador.

Entró cuando el reloj marcó exactamente las cinco de la tarde. Había estado unos minutos afuera esperando. Llegó llorando porque su novia le dijo que lo dejaría. Estaba concentrado en su dolor. Desde el principio me parecía peligroso dejarlo salir del consultorio en esas condiciones. Durante la sesión amenazó con matarse si ella lo dejaba. Teníamos una hora por delante para cambiar ese pensamiento negativo y tal vez suicida. Tarea difícil.

Con el correr de los minutos se fue calmando. La situación era complicada, esta era su primera y única novia, llevaban seis años juntos. Desde hace un tiempo y con mucho esfuerzo Esteban se alquiló un departamento, para que convivieran algunos días a la semana. Hacía todo por ella: le lavaba la ropa que dejaba en el departamento, alimentaba su perro y lo sacaba a pasear, aunque ella no vaya por unos días. Varias veces en la sesión se preguntaba:

"¿Qué hago si ella se va?"

Esteban era poco comunicativo, más bien obediente, dependiente. Estaba obsesionado con Leticia. Ella era una chica que había fracasado en varias carreras universitarias y ahora trabajaba en la empresa familiar. Él era muy ansioso y reprimía expresar afecto. No tenía amigos, su única amiga era su novia. No le gustaba salir excepto que Leticia se lo propusiera. Él hacía lo que ella quería, aunque no fuera de su agrado. Era un fóbico social pero aun así iba a las fiestas para complacer a su novia.

Reconoció que Leticia se había cansado de él. Hasta la defendía en ese punto. "Ella tiene razón, si nadie quiere estar conmigo". "Ella me bancaba, pero ya se cansó de mí". Sus frases no contribuían a desterrar la supuesta idea inicial de suicidio.

Intenté remontar logros. Había pocos, todos los reconocimientos familiares eran para su hermano mayor. Un gran triunfador en todas las áreas, un ejemplo de tenacidad y repetidos éxitos. Pensé que sería mejor ir por otro camino.

Esteban cursaba ingeniería desde hacía cuatro años. Ese sería un punto positivo, pensé. Al indagar se calificó como un fracasado ya que en ese tiempo había cambiado de universidad privada dos veces. Se lamentaba por todo el dinero gastado. Pero aún más porque no había terminado aún el primer año de la carrera. Casi tiro la toalla.

Sin hallar un punto firme sobre el cual empezar a construir su pensamiento positivo, indagué si en el pasado había hecho terapia o tomado medicación. Había pasado por un consultorio psicológico, pero nunca lo vio un psiquiatra. "Tenemos una meta", pensé. Buscar un psiquiatra y comenzar un tratamiento para destrabar en breve algún camino posible.

La despedida de esa consulta fue difícil, me quedé implorando a Dios por la vida y la mente de Esteban. Se fue llevándose en la mano la tarjetita del próximo turno y le mostré que allí estaba mi celular por si se le ocurría algo para preguntarme o contarme.

Canalizar su obsesión por Leticia en preocupación por su salud mental fue acertado. A la semana siguiente cuando lo vi me dijo que le había servido mucho la sesión anterior, que ya había visitado al psiquiatra y desde hacía dos días que tomaba la medicación. Respiré tranquila. Ya podíamos trabajar psicológicamente. Ahora aquel peligro latente podría estar controlado. Su personalidad obsesiva le hacía cumplir con la medicación a rajatablas.

Conocí a Leticia semanas después. Ella notó algunos cambios en Esteban que yo los magnifiqué en los términos de la terapia narrativa y positiva. Nos propusimos vernos cada quince días para ajustar algunas cuestiones de pareja que ayudarían a Esteban y a su tratamiento.

Leticia me pidió hacer terapia. La derivé con un profesional del staff del Instituto INEA. Sus temas familiares eran complejos, pero creía que ella también merecía sentirse bien. Logró cambios personales rápidamente lo también favorecía la relación con Esteban. Leticia amaba a Esteban y quería que juntos pudieran estar bien, estar "¡más parejos!"

Ambos reconocían los beneficios de la espiritualidad. Les recomendé un video de YouTube al respecto para que vieran juntos y luego charlamos acerca de la fe en Dios. La confianza en Dios fue tema en muchas sesiones. Les enseñé acerca de la oración. Aceptaron el poder de Dios, recibieron por fe el amor de Jesús. Oraron tomados de la mano, lloraron y al final se abrazaron de manera amorosa y compasiva. Tuvimos tiempo para reafirmar ese acto espontáneo y les conté la importancia que tiene incluir a Dios en la pareja, sobre todo ante una crisis, ante un proyecto, en una necesidad. Los tres oramos por el futuro que se fue encaminando semana tras semana.

Porque "no podemos dejar de decir lo que hemos visto y oído" (Hechos 4:20) es que compartir el evangelio es una acción común en una persona que reconoce el poder efectivo de Dios, el cual actúa en nosotros y a través de nosotros en otras personas. Dios nos llama a hacer el bien, a extender su obrar en todo tiempo y en todo lugar. A veces somos testigos con poca pila. Por diversas circunstancias personales o del entorno nos cohibimos o ponemos el foco únicamente en cómo recibirán el mensaje de Dios quienes nos escuchan.

He aprendido a compartir una palabra de fe "a tiempo y fuera de tiempo", porque no depende de lo que digo ni de quien escucha sino de la obra que el Espíritu Santo quiera hacer en las personas. Pero también aprendí que, si no abro la boca, el evangelio no es proclamado. Deseo que Dios me utilice en mi lugar de trabajo, con la gente que me consulta.

Las obsesiones son útiles para quienes tienen miedo a lo desconocido. Las compulsiones que se repiten, las comprobaciones y el control aseguran no equivocarse. Por eso el obsesivo puede transformarse en perfeccionista. Necesita certeza, asegurarse de que nada fallará. Para Esteban ir a una fiesta, aun de cumpleaños familiar, se transformaba en un episodio peligroso. Trabajé usando con Esteban técnicas de desensibilización y enseñé a Leticia como actuar para ayudarlo. Así pudimos aminorar el pesar que le implicaba a Esteban estar entre otras personas.

El obsesivo necesita muletillas o actos repetitivos, crea una fantasía que se compone de tres elementos:

1. Intuición. Por ejemplo, cree que ese día va a salir premiado en la lotería el número que él pensó. O que algo insólito pasará, cómo que lloverá si no se pone el saco azul. Se crea una certeza en su ilación de pensamientos. El obsesivo no duda de su intuición.
2. Inspiración. Sus ideas se sostienen en la intuición y por esa certeza es que puede ver más allá, hasta cambiar el curso de la suerte o de la naturaleza: lloverá o ganará X número.
3. Iluminación: esa conexión no se corta, el obsesivo la cree fielmente y hasta las últimas consecuencias en su intuición. En general no lo dicen porque son objeto de burlas, pero lo creen firmemente.

La pareja se amaba, se comprendía y se ayudaba. Él era dependiente, ella gozaba de su libertad y de la ayuda de Esteban. Ella necesitaba dominar la relación. En estos casos la terapia se orientaba a liberar a Esteban de sus obsesiones y que pudiera manejar su independencia. Que adquiriera la templanza que le permitiera seguir con su vida. Porque las obsesiones llevan mucho tiempo. Si los pensamientos y actos obsesivos consumen, sumados, una hora o más en el día, estamos frente a una patología.

Mi tarea era ayudarlos a ambos, porque de nada vale que Esteban se libere de su trastorno y pierda su gran amor. Así lo hacemos con los profesionales del staff, trabajamos conectados. En terapia, los cambios los imagino como cuando un relojero repara un engranaje fino y pequeño sin afectar otras piezas ni funciones.

La terapia es un trabajo de relojería. Dios es un artesano excelente, su amor en la pareja es el engranaje perfecto.

OTROS LIBROS DE LA AUTORA

Aprender a Aprender (Dra. Ana Kelleyian Manoukian)

Un manual con los mejores métodos de estudio, consejos para enfrentar un examen y una entrevista laboral, técnicas de atención y memoria. Para los grados superiores se incluyen sugerencias para realizar monografías, tesinas y tesis. Este libro consta de tres secciones: la teoría con explicaciones de los métodos, ejercicios pertinentes a cada capítulo y por último las resoluciones de los ejercicios.

Está destinados a alumnos secundarios, terciarios y universitarios. Es útil para docentes y padres de alumnos primarios.

Espiritual Mente. Lográ una inteligencia superior para una vida plena (Dra. Ana Kelleyian Manoukian y Lic. Gustavo Romero Santos)

Es un libro que investiga todas las áreas de la Inteligencia Espiritual y las prácticas religiosas como la oración, la devoción y la mística. Desarrolla los beneficios de la espiritualidad en el cuerpo y en el cerebro. Analiza la espiritualidad desde las neurociencias, la ética y la psicología. Temas como la fe, las creencias y el desarrollo de la espiritualidad son abordados por los autores desde ángulos religiosos, éticos y psicopatológicos.

Psicología Cristiana y Neuroteología Bíblica, una ayuda integral (Dra. Ana Kelleyian Manoukian y equipo)

Es una compilación de las materias desarrolladas por el Staff de profesionales que dictan en el curso de Psicología Cristiana en Argentina. El presente libro es auspiciado por la Agrupación Psicología Cristiana. Desarrolla temas como Teopatologías, Resolución de Conflictos, Psicología Religiosa, Nuevas Formas de Familias, entre otras. Es el primer libro de investigación en Neuroteología Bíblica del país.

Pedidos a: www.cor.to/librosDraAna

2018

Psicología Cristiana. República Argentina

Página web: www.psicristiana.com Tel. 11 5015 5013 / 1156460870

e-mail: info@psicristiana.com / draanagkm@gmail.com

Facebook: www.facebook.com/draanagkm Twitter: @draanagkm

Hecho el depósito que prevé la ley 11.723

 ISBN 978-987-42-8804-2

Impreso en la Argentina

www.ingramcontent.com/pod-product-compliance
Ingram Content Group UK Ltd.
Pitfield, Milton Keynes, MK11 3LW, UK
UKHW021936190726
13853UKWH00004B/1481

9 789874 288042